使いやすい！教えやすい！家庭学習に最適の問題集！

広島県版 私立小学校

安田学園安田小学校・なぎさ公園小学校

2021 年度版

過去問題集

最新の入試問題と特徴的な出題を含めた全40問掲載

<問題集の効果的な使い方>

①お子さまの学習を始める前に、まずは保護者の方が「入試問題」の傾向や難しさを確認・把握します。その際、すべての「学習のポイント」にも目を通しましょう。

②入試に必要なさまざまな分野学習を先に行い、基礎学力を養ってください。

③学力の定着が窺えたら「過去問題」にチャレンジ！

④お子さまの得意・苦手が分かったら、さらに分野学習をすすめレベルアップを図りましょう！

必ずおさえたい問題集

安田学園安田小学校

お話の記憶	お話の記憶 中級編
言語	Ｊｒ・ウォッチャー 60「言葉の音（おん）」
推理	Ｊｒ・ウォッチャー 10「四方からの観察」
図形	Ｊｒ・ウォッチャー 47「座標の移動」
行動観察	Ｊｒ・ウォッチャー 29「行動観察」

なぎさ公園小学校

お話の記憶	1話5分の読み聞かせお話集①・②
口頭試問	新口頭試問・個別テスト問題集
行動観察	Ｊｒ・ウォッチャー 29「行動観察」
巧緻性	実践 ゆびさきトレーニング①・②・③
図形	Ｊｒ・ウォッチャー 4「同図形探し」

●資料提供●

東京学習社

ISBN978-4-7761-5327-6

C6037 ¥2500E

9784776153276

1926037025009

日本学習図書 ニチガク

定価　本体2,500円＋税

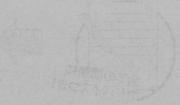

ニチガク式学習支援!!

日本学習図書（ニチガク）

ニチガクの家庭学習支援

Web学習サポートサービス

こんなこと…ありませんか？

「ニチガクの問題集…買ったはいいけど、、、

この問題の教え方がわからない（汗）」

メールでお悩み解決します！

☆ ホームページ内の専用フォームで必要事項を入力！

☆ 教え方に困っているニチガクの問題を教えてください！

☆ 確認終了後、具体的な指導方法をメールでご返信！

☆ 全国どこでも！ スマホでも！ ぜひご活用ください！

<質問回答例>

学習のポイント

推理分野の学習では、後の学習に活きる思考力を養うことができます。ご家庭で指導する場合にも、テクニックにたよらず、保護者の方が先に基本的な考え方を理解した上で、お子さまによく考えさせることを大切にして指導してください。

Q.「お子さまによく考えさせることを大切にして指導してください」と学習のポイントにありますが、考える習慣をつけさせるためには、具体的にどのようにしたらいいですか？

A. お子さまが考える時間を持てるように、質問の仕方と、タイミングに工夫をしてみてください。
たとえば、「答えはあっているけど、どうやってその答えを見つけたの」「答えは○○なんだけど、どうしてだと思う？」という感じです。はじめのうちは、「必ず 30 秒考えてから手を動かす」などのルールを決める方法もおすすめです。

まずは、ホームページへアクセスしてください!!

http://www.nichigaku.jp 日本学習図書 検索

目指せ！合格！

家庭学習ガイド
安田学園安田小学校

入試情報

出題形態：ペーパー、ノンペーパー

面　　接：保護者面接

出題領域：ペーパーテスト（お話の記憶、図形、推理、常識、言語など）、口頭試問、行動観察

受験にあたって

2020年度選考ではペーパーテスト、行動観察、口頭試問などが、男女別の日程で行われ、出題の分野も少し異なるところがありました。ペーパーテストでは、「お話の記憶」「言語」「図形」「推理」「常識」などから出題されました。出題内容は基本的なものかなりハイレベルな応用問題までさまざまです。また、量が多いので、スピードと確実性が求められます。できるだけ数多くの類題に取り組み、幅広く学習して試験に臨んでください。なお、例題として各問の冒頭に解き方を説明されます。これを聞いていないと歯が立たない問題もあるので、油断しないようにしてください。行動観察では、ユニークな出題が目に付きます。積極的な行動が求められますが、内容的には集団生活への順応性や基本的なコミュニケーションを観ることに力点が置かれているようです。具体的には、取り組む姿勢、ルールへの理解と遵守といった点に注意するとよいでしょう。課題の出来不出来に関わらず、あきらめずに取り組む姿勢が大切です。

また、当校に入学した際には、2つある付属幼稚園からの内部進学者とともに学校生活を過ごすことになります。当校に入学をお考えの方は、このことをよく理解し、教育目標や指導方針を検討した上で、入試対策を立てることをおすすめいたします。

必要とされる力　ベスト6

チャートで早わかり！

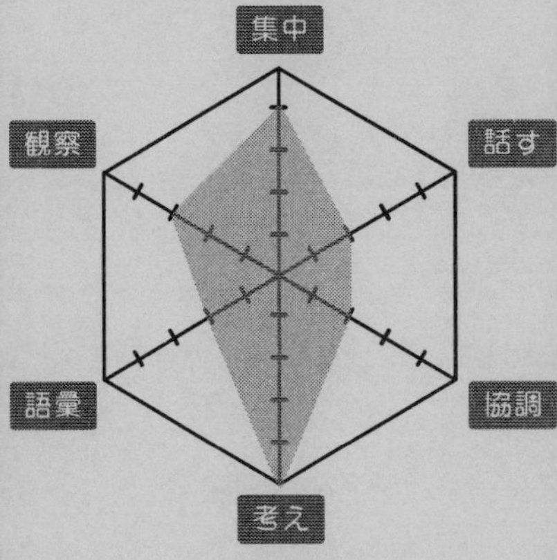

特に求められた力を集計し、左図にまとめました。
下図は各アイコンの説明です。

	アイコンの説明
集中	集　中　力…他のことに惑わされず1つのことに注意を向けて取り組む力
観察	観　察　力…2つのものの違いや詳細な部分に気付く力
聞く	聞　く　力…複雑な指示や長いお話を理解する力
考え	考える力…「～だから～だ」という思考ができる力
話す	話　す　力…自分の意志を伝え、人の意図を理解する力
語彙	語　彙　力…年齢相応の言葉を知っている力
創造	創　造　力…表現する力
公衆	公衆道徳…公衆場面におけるマナー、生活知識
知識	知　　　識…動植物、季節、一般常識の知識
協調	協　調　性…集団行動の中で、積極的かつ他人を思いやって行動する力

※各「力」の詳しい学習方法などは、ホームページに掲載してありますのでご覧ください。http://www.nichigaku.jp

目指せ！合格！

家庭学習ガイド
なぎさ公園小学校

入試情報

出 題 形 態：ペーパー、ノンペーパー
面　　　接：親子面接
出 題 領 域：口頭試問、ペーパー、行動観察、運動

受験にあたって

当校の入学試験は、数年前よりＡＯ入試のみで実施されています。ＡＯ入試は合格時に必ず入学することを確約する試験制度です。このことから、当校を第一志望とするご家庭を強く望む学校の方針が読み取れます。志願者の意欲や保護者の学校に対しての理解がポイントになるでしょう。保護者アンケートにも、「小学校受験を考えたきっかけは何ですか」「参加した学校のイベントや説明会を教えてください」という質問がありました。

2020年度の入学試験は、ペーパーテスト、口頭試問、行動観察、運動、面接が行われました。口頭試問は短いお話について答えるものです。学力の有無を観るというよりは、質問の受け答えができるかどうか、これからの成長が期待できるかという視点が中心となっているので、特別な対策は必要ないでしょう。ペーパーテストでは観察力が問われます。ものをよく見て、違いを見出す力を重視しましょう。行動観察では、渡された道具を指示通りに使い、片付けまで自分で行うという課題が行われました。生活の中で求められる巧緻性全般が求められます。ふだんの生活の中で、きちんとした生活習慣や年齢相応の常識を身に付けることが大切です。

必要とされる力 ベスト6

チャートで早わかり！

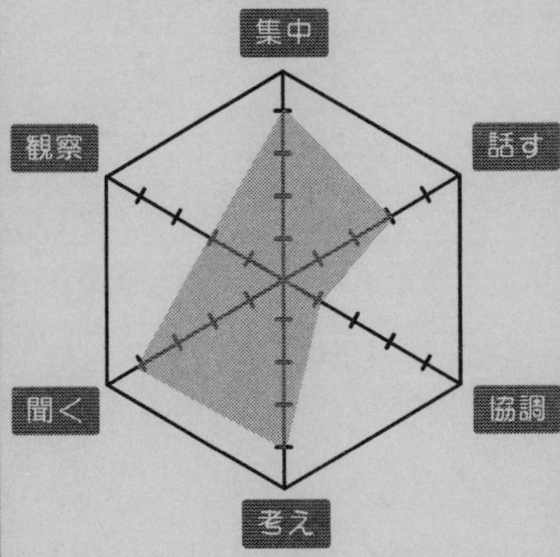

特に求められた力を集計し、左図にまとめました。
下図は各アイコンの説明です。

	アイコンの説明
集中	集　中　力…他のことに惑わされず１つのことに注意を向けて取り組む力
観察	観　察　力…２つのものの違いや詳細な部分に気付く力
聞く	聞　く　力…複雑な指示や長いお話を理解する力
考え	考える力…「～だから～だ」という思考ができる力
話す	話　す　力…自分の意志を伝え、人の意図を理解する力
語彙	語　彙　力…年齢相応の言葉を知っている力
創造	創　造　力…表現する力
公衆	公衆道徳…公衆場面におけるマナー、生活知識
知識	知　　識…動植物、季節、一般常識の知識
協調	協　調　性…集団行動の中で、積極的かつ他人を思いやって行動する力

※各「力」の詳しい学習方法などは、ホームページに掲載してありますのでご覧ください。http://www.nichigaku.jp

広島県版
私立小学校

過去問題集

〈はじめに〉

現在、少子化が叫ばれているにもかかわらず、私立小学校の入学試験には一定の応募者があります。入試は、ただやみくもに学習するだけでは成果を得ることはできません。志望校の過去における出題傾向を研究・把握した上で、練習を進めていくこと、その上で試験までに志願者の不得意分野を克服していくことが必須条件です。そこで、本問題集は小学校を受験される方々に、志望校の出題傾向をより詳しく知っていただくために、過去に遡り出題頻度の高い問題を結集いたしました。最新のデータを含む精選された過去問題集で実力をお付けください。

〈本書ご使用方法〉

◆出題者は出題前に一度問題を通読し、出題内容などを把握した上で、**〈準備〉**の欄に表記してあるものを用意してから始めてください。
◆お子さまに絵の頁を渡し、出題者が問題文を読む形式で出題してください。問題を読んだ後で、絵の頁を渡す問題もありますのでご注意ください。
◆**「分野」**は、問題の分野を表しています。弊社の問題集の分野に対応していますので、復習の際の目安にお役立てください。
◆問題番号右端のアイコンは、各問題に必要な力を表しています。詳しくは、アドバイス頁（ピンク色の１枚目下部）をご覧ください。
◆一部の描画や工作、常識等の問題については、解答が省略されているものがあります。お子さまの答えが成り立つか、出題者が各自でご判断ください。
◆**〈時間〉**につきましては、目安とお考えください。
◆解答右端の**［○年度］**は、問題の出題年度です。**［2020年度］**は、「2019年度の秋から冬にかけて行われた2019年度入学志望者向けの考査で出題された問題」という意味です。
◆**学習のポイント**は、指導の際にご参考にしてください。
◆**【おすすめ問題集】**は各問題の基礎力養成や実力アップにご使用ください。

〈本書ご使用にあたっての注意点〉

◆文中に**この問題の絵は縦に使用してください。**と記載してある問題の絵は縦にしてお使いください。
◆**〈準備〉**の欄で、クレヨンと表記してある場合は12色程度のものを、画用紙と表記してある場合は白い画用紙をご用意ください。
◆文中に**この問題の絵はありません。**と記載してある問題には絵の頁がありませんので、ご注意ください。なお、問題の絵の右上にある番号が連番でなくても、中央下の頁番号が連番の場合は落丁ではありません。
下記一覧表の●が付いている問題は絵がありません。

問題1	問題2	問題3	問題4	問題5	問題6	問題7	問題8	問題9	問題10
									●
問題11	問題12	問題13	問題14	問題15	問題16	問題17	問題18	問題19	問題20
●									
問題21	問題22	問題23	問題24	問題25	問題26	問題27	問題28	問題29	問題30
●				●				●	●
問題31	問題32	問題33	問題34	問題35	問題36	問題37	問題38	問題39	問題40
				●				●	

◎学習効果を上げるため、前掲の「家庭学習ガイド」及び「合格のためのアドバイス」をお読みになり、各校が実施する入試の出題傾向を、よく把握した上で問題に取り組んでください。
※冒頭の「本書ご使用方法」「本書ご使用にあたっての注意点」も併せてご覧ください。

〈安田学園安田小学校〉

2020年度の最新問題

問題1 分野：言語（言葉の音）／女子

語彙 知識

〈準 備〉 サインペン（青）

〈問 題〉 **この問題の絵は縦に使用してください。**
仲間はずれを探す問題です。１番上の段を見てください。左から「ツル」「つみき」「あくび」「つり」の絵が描いてあります。この中で仲間はずれは「あ」で始まる「あくび」なので「あくび」の絵に○をつけると正解になります。このように、仲間はずれの言葉を選んで○をつけてください。

〈時 間〉 各15秒

〈解 答〉 ①テントウムシ　②ドーナツ　③オニギリ　④シマウマ　⑤クジラ

[2020年度出題]

学習のポイント

言葉の音に関する出題ですが、内容は難しいものではありません。選択肢に描いてあるものの言葉の頭音が１つだけ異なるものを探すという単純なものです。当校ではほとんどの場合、例題で「問題をどのように考えるか」まで説明されるので、何を聞かれているかわからないということもないでしょう。また、それほど難しい言葉も出題されないので、絵が何を表しているのかを理解できないということもないはずです。注意するとすれば、そのものの呼び名が家庭や地方によって違うものが出題された場合です。例えば「ものさし」のことを広島では「さし」と呼んだりしますが、言葉の音に関する問題ではこれが原因で答えがなくなってしまう（と考える）こともあります。出題側の配慮もあるのでそういったことは少ないはずですが、保護者の方は一応頭に入れておいてください。

【おすすめ問題集】
Ｊｒ・ウォッチャー17「言葉の音遊び」、18「いろいろな言葉」、
49「しりとり」、60「言葉の音（おん）」

問題2　分野：お話の記憶／女子

聞く　集中

〈準備〉　サインペン（青）

〈問題〉　この問題の絵は縦に使用してください。
お話をよく聞いて、後の質問に答えてください。

ある日の良く晴れた夕方のことです。お父さんとみさちゃんと弟のゆうきくんは、天気がいいので、お散歩へ行くことにしました。歩いていくと、どこからか風鈴の音が聞こえてきました。みさちゃんが、「風鈴、いいな」と言いながら、音のする方へ行くと、風鈴を飾っている家を見つけました。その家には、風鈴の隣にタマネギを吊るしていました。みさちゃんは、「なんで、タマネギをぶら下げているの」と、お父さんにたずねました。「タマネギを吊るしておくと、長持ちするからだよ」と、お父さんが教えてくれました。その先には、畑があり、トマトとキュウリが植えてありました。ゆうきくんが、「美味しそうだね」と、トマトに触ったので、みさちゃんは、「触っちゃだめ！」と言いました。その隣には、トウモロコシ畑がありました。みさちゃんは、トウモロコシができているのをはじめて見たので、『高いところにできるんだ』と思いました。散歩からの帰り道に、みさちゃんの顔と同じくらいの大きさで、真ん中には、たくさんの種がある花がありました。ゆうきくんが「大きいタンポポ！」と言ったので、お父さんとみさちゃんは、「まだ２歳だからわからないね」と言って、笑いました。家へ帰ったら、お母さんが、みさちゃんの大好きなハンバーグとみそ汁と、畑で見た野菜が全部入っているサラダを作ってくれていました。みさちゃんは、トマトが嫌いでしたが、食べてみるととても美味しく感じました。「あら、トマト食べられるじゃない。すごいわね」と、お母さんがほめてくれました。

（問題２の絵を渡す）
①このお話の季節はいつですか。同じ季節の絵を選んで○をつけてください。
②散歩の途中に聞こえてきたのは、何の音ですか。選んで○をつけてください。
③みさちゃんの見たタマネギは、どのようになっていましたか。選んで○をつけてください。
④みさちゃんの弟が畑で触ったものに○をつけてください。
⑤帰り道で見た花に○をつけてください。
⑥お母さんが作ってくれたサラダに入ってないものに○をつけてください。
⑦帰ってから食べたものに、○をつけてください。

〈時間〉　各10秒

〈解答〉　①左端（海水浴：夏）　②右端（風鈴）　③左から２番目　④左端（トマト）
⑤右から２番目（ヒマワリ）　⑥左から２番目（ブロッコリー）
⑦左端（ハンバーグ）、右端（みそ汁）

［2020年度出題］

学習のポイント

お話の記憶の問題のお話としては比較的長文です。こうした問題は「『誰が』『何を』『～した』といったお話のポイントをおさえる」「お話の場面を想像しながら聞く」といった基本が守れていないと、スムーズに答えるのが難しくなります。お話を丸暗記するわけにはいきませんから、１枚の絵のように場面を思い浮かべるようにお話の場面をイメージしてみましょう。まず「お父さんとみさちゃんと弟のゆうきくんが散歩に行く」というイメージを描いて、次に「みさちゃんが風鈴の音を聞いてその音のする方に寄っていく」というイメージを描くといった形です。これを繰り返せば、情報が自然に整理され、細部を含めたお話の内容が記憶に残るようになります。「うちの子は記憶力が足りないからこういった問題は苦手」という話を保護者の方からよく聞きますが、記憶力そのものを鍛えようとしてもなかなか結果は出ません。むしろ、お子さまにあった記憶しやすい方法を考え、その練習を重ねさせると早く成果が出ます。

【おすすめ問題集】

１話５分の読み聞かせお話集①・②、お話の記憶 初級編・中級編・上級編、
Ｊｒ・ウォッチャー19「お話の記憶」

問題３　分野：推理（系列）／女子

観察 考え

〈準 備〉 サインペン（青）

〈問 題〉 **この問題の絵は縦に使用してください。**
かくれんぼをした時、「？」のマスに隠れている動物を選ぶ問題です。
・タヌキさんとブタさんは、仲良しなので隣り合ったマスに隠れます。
・タヌキさんとキツネさんは、仲が悪いのでので隣り合ったマスには隠れません。
・ネコさんは、みんなが好きだから、どの動物の隣に隠れても大丈夫です。
・ウシさんは、いつも鬼です。
１番上の段を見てください。ウシさんは鬼で、ネコさんが右端に隠れているので、残り３つのマスにはブタさん、タヌキさん、キツネさんのうちの誰かが隠れています。タヌキさんとキツネさんは隣りあったマスに隠れないので左端か右から２番目のマスに隠れることになります。なので残った「？」のマスに隠れられるのはブタさんだけとなり、「？」のマスに隠れているのはブタさんということになります。このように「？」に隠れている動物を選んで○をつけてください。

〈時 間〉 各30秒

〈解 答〉 ①ブタ②キツネ　③ネコ　④ブタ　⑤キツネ　⑥ブタ　⑦タヌキ

［2020年度出題］

学習のポイント

あまり見かけない問題です。系列の問題としたのは、法則にしたがって動物が並ぶからですが、指定の場所に並べるという意味では、座標（もしくは座標の移動）問題ともとれますし、約束事があることに注目すれば置き換えの問題とも言えるでしょう。問題の分類はともかく、この問題を解く上でポイントになるのは「タヌキとキツネは隣り合ったマスに隠れない」という条件です。この条件で最終的に動物がどこに隠れるかが決まるからですが、順を追って考えないとこの条件が鍵になっていることにも気付けません。幸い例題でどのように考えるかは説明されているので、戸惑うことはないと思います。しかし、解き方、考え方の説明がなければお子さまには解くのが難しいと言えるほど、思考力が要求される問題です。当校では時折こうした問題が出題されるので、例題の説明は集中して聞きましょう。

【おすすめ問題集】

Ｊｒ・ウォッチャー６「系列」、31「推理思考」

問題4　分野：図形（図形の構成）／女子

観察　考え

〈準備〉　サインペン（青）

〈問題〉　**この問題の絵は縦に使用してください。**

（問題４－１と４－２の絵を渡して）

左端の形を３つ使って、できないものを右の四角から選ぶ問題です。１番上の段を見てください。右の四角の左端の形を点線（点線を指しながら）で分けると、左と上には左端の形がありますが、右は□が１つ足りないので、これが答えになります。このように左の四角の形を使ってできないものをほかの問題でも選んで○をつけましょう。

※実際の試験では、先生が１番上の段の選択肢を指さしながら例題を説明。

〈時間〉　①～③各20秒　④～⑧各30秒

〈解答〉　①右端　②右端　③右から２番目　④左端　⑤左から２番目　⑥右端　⑦左から２番目　⑧右から２番目

［2020年度出題］

学習のポイント

パズルの問題です。図形パズルの１つのピースとして左端の形をとらえ、選択肢の形をピースごとに分割していくという方法がわかりやすいと思います。例題の説明にあるように、例題なら３つの「ロ」という見本の形が選択肢の中にいくつあるかを考えるわけです。⑧を除けばどのパズルの部品も回転や反転はしていないので、そのままの形で選択肢をわけていけばやがて答えが出ます。とは言え、こうした図形パズルに慣れていなければ、まごついてしまうのは当然です。タングラムのような図形パズルにある程度は慣れておいた方が、答えは早く出せるでしょう。繰り返しになりますが、例題でどのように考えるかも説明されているので、説明を集中して聞いてください。最もスマートな解き方を教えてくれます。

【おすすめ問題集】

Ｊｒ・ウォッチャー３「パズル」、54「図形の構成」

問題5　分野：言語（しりとり）／男子

語彙

〈準 備〉　青色のサインペン

〈問 題〉　この問題の絵は縦に使用してください。
（問題５－１の絵を見せて）まずは練習問題をしましょう。１番上の段を見てください。しりとりになるように、「？」に当てはまる絵を右から見つけ○をつけてください。「リンゴ」の「ゴ」で始まるものと「ラッパ」の「パ」で始まるものを下から探すと、「ゴリラ」と「パンダ」があるので○をつけます。このようにほかの問題にも答えてください。

〈時 間〉　各20秒

〈解 答〉　①ゴリラ・パンダ　①リス・ゴマ　②トケイ・カブ
③ブランコ・パイナップル　④イチョウ・ツクシ
⑤メダカ・スイカ　⑥キツツキ・キ（木）　⑦イルカ・スベリダイ（滑り台）
⑧シマウマ・カブトムシ

[2020年度出題]

学習のポイント

しりとりの問題です。こういった問題が苦手というお子さまには２つのパターンがあります。１つは、描いてあるイラストが何を表しているのかわからない、というパターン。これは、単純に語彙・知識が少ないということなので、言葉カードやブロックを使った学習やしりとりなどの言葉遊びを数多く行うことで解消できます。次に語彙がないというよりは、言葉の音に関する認識が薄いパターン。しりとりは最後の音さえわかればよいのでいくぶんマシですが、言葉はいくつかの音で構成されているという概念を把握しきれていないので、「この言葉の音は…」と言われるとよくわからなくなってしまうのです。これは学習量が足りないというよりは、言葉を声に出す機会が少ないのかもしれません。保護者の方は学習だけでなく、お子さまの言葉を聞く・話す機会を設けるようにしてください。

【おすすめ問題集】
Ｊｒ・ウォッチャー17「言葉の音遊び」、18「いろいろな言葉」、49「しりとり」、60「言葉の音（おん）」

問題6　分野：お話の記憶／男子

聞く　集中

〈準　備〉　サインペン（青）

〈問　題〉　**この問題の絵は縦に使用してください。**
お話をよく聞いて、後の質問に答えてください。

今日は、さとしくんが１人でおうちの留守番をする日です。さとしくんは、お腹がすいたので、『そうだ。おやつを食べよう』と思って、キッチンへ行きました。お母さんには、内緒でクッキーとチョコレートを食べました。その後、野球の練習をしようと思って、庭に出ました。ふだんは、お兄ちゃんとバットの取り合いになりますが、今日は、さとしくん１人なので、すぐに練習を始められました。バットを振ると、お兄ちゃんが育てているパンジーが倒れてしまいました。さとしくんは、バットが当たったせいだと思って、お兄ちゃんにばれないようにこっそり隠そうと思いました。そして、お兄ちゃんが雑草を抜くお手伝いをお母さんから頼まれていたのを思い出して、お兄ちゃんの代わりにやってあげました。次は、折り紙で、トンボを折りました。うまく作れたので、２階のベランダへ行って飛ばしました。トンボは、庭に向かって落ちて、庭に干している洗濯物に当たってしまい、洗濯物が倒れてしまいました。さとしくんは、慌てて庭へ行き、洗濯物を取り込みました。すると、庭にいるイヌのクロが、さとしくんに近づいてきて、家の中に入りたそうにしていたので、入れてあげることにして、リビングに入りました。暑くなってきたさとしくんは、冷蔵庫にアイスクリームがあったのを思い出しました。冷蔵庫から取る時に、ボウルの中に入っていたジャガイモがボロボロと落ちてしまいました。ジャガイモの土で床が汚れたので、さとしくんは、雑巾で拭きました。落ちたジャガイモは、ボウルの中に入れて、洗い始めました。そのとき、お母さんとお兄ちゃんが帰ってきました。家の中に入ると、ジャガイモの土がついた床を踏んだクロの足跡がいっぱいあったので、お母さんとお兄ちゃんは、「わあ」と言いました。そして、お兄ちゃんに、「雑草を抜いてくれてありがとう」お母さんに、「洗濯物を畳んでくれてありがとう」と言ってもらって、さとしくんは、うれしくなりました。夜ご飯には、さとしくんが一生懸命洗ったジャガイモのサラダとコロッケを食べました。『とても美味しかったので、また食べたいな』と思いました。

（問題６の絵を渡す）
①さとしくんが飼っている生きものはどれですか。選んで○をつけてください。
②おやつに食べたもので正しい組み合わせはどれですか。選んで○をつけてください。
③さとしくんが冷蔵庫から出したおやつは何ですか。選んで○をつけてください。
④さとしくんがおやつを出した時に冷蔵庫から落ちたものは何ですか。選んで○をつけてください。
⑤パンジーに当たったものは何ですか。選んで○をつけてください。
⑥さとしくんが折り紙で作ったものは何ですか。選んで○をつけてください。
⑦お母さんとお兄ちゃんが驚いたものはなんですか。選んで○をつけてください。
⑧晩御飯で食べたものはなんですか。選んで○をつけてください。

〈時　間〉　各10秒

〈解 答〉　下図参照

［2020年度出題］

学習のポイント

お話の記憶の問題です。お話に沿った内容の出題ばかりですからスムーズに答えられたのではないでしょうか。問題数は多いですが、お話の流れに沿って出来事を整理していれば戸惑うところはないはずです。従来であれば、お話の季節を問う問題や登場したものの数や特徴を聞く問題がありましたが、この問題ではそういった質問もありません。こうした問題はほとんどの志願者が正解してしまうので、間違うとかなりのハンデになってしまいます。合否を分けるポイントになりかねないので、ケアレスミスや勘違いには注意しましょう。なお、お話の内容としては日常の１コマを切り取ったものが多く、家族が登場人物であることがほとんどです。また、兄弟姉妹が登場することが多いので、もし志願者が一人っ子の場合は、その空気感のようなものがわかっていないことがあるかもしれません。このようなお話でもよいですし、物語でもよいでしょう。兄弟姉妹との関係、日常でどのようなことを話すのかを学んでおくと、スムーズにお話が聞けるかもしれません。

【おすすめ問題集】

１話５分の読み聞かせお話集①・②、お話の記憶 初級編・中級編・上級編、
Ｊｒ・ウォッチャー19「お話の記憶」

問題7　分野：複合（系列・回転図形）／男子

観察　考え

〈準 備〉　サインペン（青）

〈問 題〉　この問題の絵は縦に使用してください。
決まりを見つけて、「？」の四角にどの形が入るかを選ぶ問題です。１番上の段を見てください。左端の形から黒いマスが１つずつ、右斜め下に増えているのがこの段の決まりです。そうすると「？」に入るのはその下の四角にある真ん中の形だということがわかります。その上の四角に○をつけて答えます。このようにほかの問題も答えてください。
※図を指しながら例題を説明する。

〈時 間〉　各30秒

〈解 答〉　①左から２番目　②右端　③左端　④左から２番目　⑤真ん中
⑥右から２番目　⑦真ん中　⑧右端

［2020年度出題］

学習のポイント

当校の推理分野では、あまり他校では見かけない、工夫された問題が出題されます。例題の説明をよく聞き取って、理解した上で答えましょう。①～⑥は系列のお約束が記号の変化などではなく、黒いマス目の数や並びの変化になっているという応用問題です。例題でも説明されていますが、「黒いマスが～の方向に～つずつ増え（減って）ていく、移動する」という形になっているのです。説明がないとお子さまには見つけにくいパターンかもしれません。タネを明かされた後なら感覚的に答えられるでしょうが、できれば選択肢を見ることなく、次にどのような変化をするのかがわかるようにしてください。選択肢が多く、それぞれの見分けがつきにくいという理由もありますが、系列の問題は法則を自分で発見して、それに従って次の変化を考えるというのが本来の趣旨だからです。⑦⑧も、記号の位置変化がお約束になっているという応用問題です。かなり難しい問題なので、よく考えてから答えるようにしましょう。

【おすすめ問題集】

Ｊｒ・ウォッチャー６「系列」、31「推理思考」、46「回転図形」

問題8　分野：図形（重ね図形）／男子

考え　観察

〈準備〉　サインペン（青）

〈問題〉　この問題の絵は縦に使用してください。
１番上の段を見てください。左側の２つの形は透明な紙に書かれています。この２つの形を重ねると、どのような形になるでしょうか。このようになるので答えはこれになります（右の四角の左から２番目の図を指す）。
※ここまで透明のアクリル板を塗ったものと、イラストを見ながら説明。
次に上から２番目の段を見てください。同じように左側の３つの形を重ねるとどのような形になるでしょうか。答えは左端の形なので○をつけます。
このようにほかの問題にも答えてください。

〈時間〉　適宜

〈解答〉　①右から２番目　②右端　③左端　④左から２番目　⑤右から２番目
⑥左端　⑦真ん中　⑧右

［2020年度出題］

学習のポイント

図形分野の問題では、図形１つひとつの形を認識する力と、重ねたり、動かしたりした後の形を想像する力が観られています。まずは図形を観察して特徴をつかみ、操作した後の形を思い浮かべる練習を繰り返してください。パズルや積み木などで確認したり、イラストやクリアファイルに描いた形を動かしてみたりして、具体的、視覚的に学習する方法が効果的です。ここでは重ね図形の問題がオーソドックな形で出題されています。慣れていれば別ですが、いきなり全体を重ねるのではなく、十字に４分割した図形を重ねると考えればわかりやすくなります。問題①は図をそのように重ねると、たまたま左上は白、右上は黒…とにきれいに別れます。この考え方だと、途中でも矛盾している選択肢を消せるので早く答えが出せることがあります。例題の２のように３枚の紙を重ねる問題は、一度に考えると混乱するかもしれないので、段階を踏んで考えてください。１枚重ねるとこうなって、２枚重ねると…と考えた方が確実です。

【おすすめ問題集】

Ｊｒ・ウォッチャー35「重ね図形」

問題９　分野：口頭試問／男女共通

聞く　協調

〈準備〉　くだもの（女子）または、車（男子）の絵が描かれたカード
※問題９の絵を参考にしてカードを机の上に並べておく。

〈問題〉　この問題は絵を参考にしてください。
呼ばれたら、先生のところに行き、机の上に並べてあるカードから好きなものが描いてあるカードを２枚選んでください。選んだ後、なぜ好きなのかも言ってください。

〈時間〉　適宜

〈解答〉　省略

［2020年度出題］

学習のポイント

形式は変わりますが、カードを使った行動観察は数年続けて行われています。観点は、カードを選んだ理由を伝えられるか、つまり、自分の言いたいことを人に伝えられるかということです。当然、どのカードを選んでもよいですし、どんな理由で選んでもかまいません。守らなければならないのは、「～だから」と質問に沿った形の答えをすることだけです。ご家庭で練習する時も、正解の基準は「面識のない人に伝わるかどうか」にしてください。ほかのことは気にせず、家庭内でしか使わない言い回しなどがあれば改める、といった細かい修正にとどめてください。その方がお子さまなりの個性が表現につながります。なお、人前で話をするのが苦手というお子さまは、家庭で練習するより、公園など不特定多数の人がいる場所で行ってみてください。関係ない人でも、人が目の前にいればそれなりに慣れていくものです。

【おすすめ問題集】

新口頭試問・個別テスト問題集、新ノンペーパーテスト問題集

Ｊｒ・ウォッチャー29「行動観察」

問題10　分野：行動観察／男女共通

聞く　協調

〈準 備〉　スモック、リボン、Ａ４サイズ程度の紙、塗り絵、折り紙、カルタ、お手玉など

〈問 題〉　**この問題の絵はありません。**

①【男子】スモック片付け／スモックのボタンを全部留めてください。できたら、今度は脱いではじめのようにおいてください（または、たたまないでいいですよ）。

【女子】リボン結び／先生がリボンを首にかけてくれた後、お手本を見せてくれる。「はい、始め」の合図でリボン結びをしてください。

②紙折り／先生のお手本通りに紙を折ってください。

③片足立ち／先生が見本を見せます。「カカシのように立ちましょう」と説明がある。

④ケンパー

⑤自由遊び／塗り絵、折り紙、カルタ、お手玉など

〈時 間〉　適宜

〈解 答〉　省略

［2020年度出題］

学習のポイント

巧緻性、運動、自由遊びなど、いくつもの課題を通じての行動観察になります。行動観察はどんな課題をするのかということに、さほど意味はありません。リボン結びがきれいにできることよりも、「はじめ」の合図を守る方が大切なのです。学校の立場になって考えてみてください。「リボンをきれいに結べるけどルールを守れない子」と「リボンはきれいに結べないけどルールを守れる子」のどちらかを選ぶとしたら、当然後者ということになると思います。極端な例かもしれませんが、行動観察とはそういうものだということを保護者の方は理解しておいてください。ペーパーテストにおいては、出題の傾向を知って対策することは非常に重要なことです。ただ、行動観察では小手先の対策というよりも、志願者の本質的な部分が大切になってきます。そうした意味では、お子さまというより、保護者の方の躾が観られているとも言えるのです。

【おすすめ問題集】

新口頭試問・個別テスト問題集、新ノンペーパーテスト問題集

Ｊｒ・ウォッチャー25「生活巧緻性」、29「行動観察」

家庭学習のコツ①　「先輩ママのアドバイス」を読みましょう！

本書冒頭の「先輩ママのアドバイス」には、実際に試験を経験された方の貴重なお話が掲載されています。対策学習への取り組み方だけでなく、試験場の雰囲気や会場での過ごし方、お子さまの健康管理、家庭学習の方法など、さまざまなことがらについてのアドバイスもあります。先輩ママの体験談、アドバイスに学び、ステップアップを図りましょう！

問題11　分野：面接／男女共通

話す　聞く

〈準備〉　なし

〈問題〉　この問題の絵はありません。

・お子さまはどんなお子さまですか。
・入学したら、どんなことをがんばらせたいですか。
・学校に期待することはありますか。
・合格した場合、入学してもらえますか。
・本校は第一志望ですか。
・本校を希望された理由をお聞かせください。
・ご家庭での教育方針をお聞かせください。
・最近、お子さまを褒めたことはありますか。
・お家で大切にしていることは何ですか。
・ご家庭の教育方針は何ですか。
　（掘り下げる形で）
　具体的に教えていただけますか。
　方針通りにいかない時はどのようにされますか。

〈時間〉　約５分

〈解答〉　省略

［2020年度出題］

学習のポイント

校長（教頭）先生との１対１の保護者面接のスタイルです（ほかに書記の先生あり）。家庭の教育方針について、掘り下げた質問をされるので、ご家庭の教育方針をしっかりと話せるようにしておきましょう。基本的な質問が多く、志願理由や入学意志の有無に関する質問を通して、どうして当校に入学したいのか、お子さまが集団生活を行っていけるだけのコミュニケーション力を身に付けさせているのかなどがポイントとなっています。特徴的な質問があるわけではないので、特別な対策が必要というわけではありませんが、「本校に合格したら入学してもらえますか」「本校が第１志望ですか」といった、併願している人にとっては、少し答えにくい質問がされることもあるようです。

【おすすめ問題集】

新　小学校受験の入試面接Ｑ＆Ａ、面接最強マニュアル

2019年度以前の過去問題

問題12　分野：言語（しりとり）／女子

語彙　知識

〈準　備〉　サインペン（青）

〈問　題〉　この問題の絵は縦に使用してください。
上の段を見てください。絵をつなげてしりとりをします。空いている四角に入る絵を下の四角の中から選びましょう。左端は「ネコ」で、右から２番目は「マイク」なので、「こ」で始まって「ま」で終わる、「コマ」を選ぶと正解になります。このように、空いている四角の中に入るものを選んで○をつけてください。

〈時　間〉　各15秒

〈解　答〉　①右から２番目（サイコロ）　②左から２番目（おにぎり）
③右から２番目（たいこ）　④左端（カタツムリ）　⑤左から２番目（ネコ）
⑥右端（ラクダ）　⑦左端（オニ）　⑧左端（鉛筆）
⑨右から２番目（ノコギリ）　⑩右端（バケツ）

［2019年度出題］

学習のポイント

本校の入学試験は、まず例題の説明があります（説明がないものもあり）ので、出題の意図を理解するという点で苦労は少ないでしょう。ただ、１問あたりの解答数（８～10問）が多いので、何を問われているのかをしっかり理解しないまま解答してしまうと、その後のすべての解答に影響が出てしまいます。当たり前のことですが、まずはしっかりと問題を聞くということを徹底しましょう。本問は、空欄を埋めるしりとりの問題です。空欄の前の名前の尾音（言葉の最後の音）と空欄の後ろの名前の頭音（言葉のはじめの音）をつなげていけばよいということです。絵が何を表しているのかを理解できれば、さほど難しい問題ではありませんが、複数の読み方がある言葉については注意が必要です。例えば②の正解は「おにぎり」なのですが、これを「おむすび」と読んでしまうと正解がないということになってしまいます。正解が見つからない時に、ほかの答えはないかと考えるためには、語彙の豊富さと応用力が必要になってきます。こうしたことはさほど多くはありませんが、同じものでも異なる名前があるということも知っておくことで、語彙力をアップさせることができます。

【おすすめ問題集】
Ｊｒ・ウォッチャー17「言葉の音遊び」、18「いろいろな言葉」、
49「しりとり」、60「言葉の音（おん）」

問題13　分野：お話の記憶／女子

聞く　集中

〈準 備〉　サインペン（青）

〈問 題〉　**この問題の絵は縦に使用してください。**
お話をよく聞いて、後の質問に答えてください。

リリリーン。朝、目覚まし時計が鳴り、まゆさんは飛び起きました。なぜかと言うと、今日はじめて動物園に行くからです。まゆさんは、顔を洗い、ハートの髪留めを付け、お気に入りの水玉模様のワンピースに着替えると、階段を下り、リビングにいるお父さんとお母さんに、「おはよう！」と言いました。３人とも準備万端です。朝ごはんは、お母さん特製のサンドイッチです。
食べ終わると、３人は車に乗って動物園に出かけました。車の中でまゆさんは、前に座っているお母さんに「動物園に着いたらゾウとキリンが見たいな」と言うと、「ゾウは動物園の人気者だからね」とお母さんは言いました。
動物園に着くと、まゆさんは車から降りて駆け出しました。「走ったら危ないよ。いっしょに手をつなごう」とお父さんが言ったので、手をつないで動物園に向かって歩き出しました。動物園の看板には、クマの絵が描いてありました。まゆさんは、看板の前を通り過ぎて、トラとチーターがいる檻の前に来ました。次に、まゆさんが見たかったキリンのところに行きました。首を長くして葉っぱを食べている姿に、まゆさんはうっとりしました。するとお父さんが、「こっちにはゾウがいるぞ！」と叫びました。まゆさんは、お父さんのところに走っていきました。ゾウの檻の前に着いた時、ちょうどおやつの時間だったので、まゆさんは半分に切ったリンゴをあげました。そして、心の中で「ゾウさん食べてね。お願いよ」と何度も繰り返しました。するとゾウは長い鼻を伸ばして、まゆさんが持っていたリンゴを取りました。「やったあ！」でも、ゾウはリンゴをなかなか食べてくれません。まゆさんが、「残念」と思っていたら、ゾウは後ろからひょっこり現れた子ゾウにリンゴを渡しました。「そうか、このゾウさんはやさしいお母さんゾウなんだ」と思いました。そして、まゆさんは動物園から帰りました。

（問題13－１と13－２の絵を渡す）
①まゆさんの着ていたワンピースと同じものはどれでしょうか。選んで○をつけてください。
②まゆさんが付けていた髪留めはどれでしょうか。選んで○をつけてください。
③朝ごはんに食べたものは何でしょうか。選んで○をつけてください。
④まゆさんといっしょに動物園に行った人は誰でしょうか。選んで○をつけてください。
⑤動物園に行く時に乗ったものはどれでしょうか。選んで○をつけてください。
⑥まゆさんが動物園に行く前に見たいと言ったものは動物はどれでしょうか。選んで○をつけてください。
⑦看板に描いてあった動物はどれでしょうか。選んで○をつけてください。
⑧キリンが食べていたものはどれでしょうか。選んで○をつけてください。
⑨ゾウにあげたものはどれでしょうか。選んで○をつけてください。
⑩お話に出てこなかったものはどれでしょうか。選んで○をつけてください。

〈時 間〉　各10秒

〈解 答〉　①右から２番目（水玉）　②左から２番目（ハート）
③右端（サンドイッチ）　④左端（お母さん）、左から２番目（お父さん）
⑤左から２番目（車）　⑥左端（ゾウ）　⑦左端（クマ）
⑧右から２番目（葉っぱ）　⑨左から２番目（半分に切ったリンゴ）
⑩左から２番目（コアラ）

［2019年度出題］

学習のポイント

お話はやや長め（800字程度）ですが、お話に出てくるものを答える問題がほとんどなので、それぞれの場面をイメージできるかがポイントになります。「何を着る」「何を食べる」「何に乗る」「何を見る」というように、登場人物のまゆさんがどんなことをしたかというところに注目していけばよいでしょう。１つひとつはそれほど難しくはないですが、合計10問となると集中力を維持するだけでも大変です。解答時間も長くはないので、問題を前にして考え込んでいる時間はありません。お話を聞きながら、問題になりそうなところを想定していくことも必要になってきます。当校では例年お話の記憶が出題されていますが、年度によって少し傾向が変化していることがあるので、お話の記憶の学習とともに学校にあわせた対策もしておくようにしましょう。

【おすすめ問題集】

1話5分の読み聞かせお話集①・②、お話の記憶 初級編・中級編・上級編、Ｊｒ・ウォッチャー19「お話の記憶」

問題14　分野：図形（座標の移動）／女子

観察　考え

〈準 備〉　サインペン（青）

〈問 題〉　この問題の絵は縦に使用してください。

ウサギとクマがジャンケンをします。黒くなっているウサギのところから始めます。ジャンケンに勝てば２つ上がり、負けたら１つ下がります。あいこの時は、そのまま動きません。ただし、１番上まで上がるとそれ以上は上がれず、１番下まで下がるとそれ以上は下がれません。最後にウサギがいるところはどこでしょうか。その場所にいるウサギに○をつけてください。

上の段を見てください。ウサギが勝ったので２つ上がって、１番高いところにいるウサギに○をつけると正解になります。このように、最後にウサギがいるところに○をつけてください。

〈時 間〉　①～④各10秒　⑤～⑧各20秒

〈解 答〉　下図参照

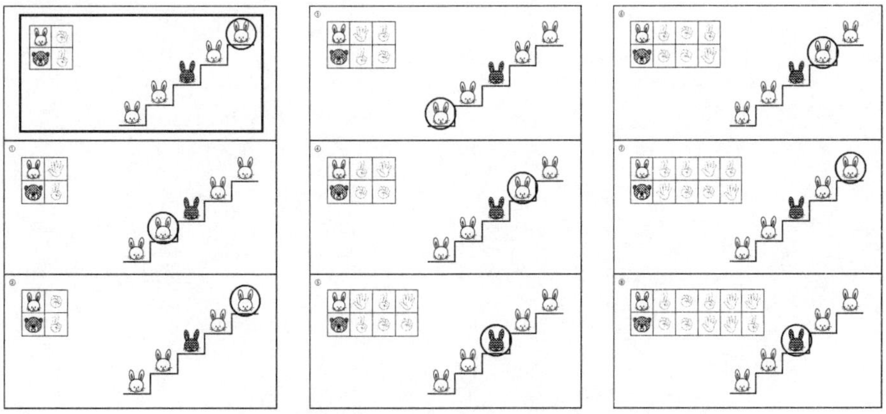

［2019年度出題］

学習のポイント

はじめに確認しておきたいポイントが、グー・チョキ・パーのどれで勝っても上がるのは2つということです。パーで勝ったら、パ・イ・ナ・ツ・プ・ルと6つ進めるジャンケン遊びと混同してしまいがちなので注意しましょう。ジャンケンは1回から始まって、最終的には5回あります。ジャンケンの回数が多くなればなるほど、何回勝って、何回負けて、何回あいこかをまとめて計算した（考えた）方が解答時間は短くなりますが、1番上（下）まで行くとそれ以上進めなくなってしまうという条件があるために、まとめて計算する方法では対応できない問題が出てくることもあります（ちなみに本問では、まとめて計算しても正解にたどり着けます）。なので、1つひとつ処理していく方法をとった方が確実と言えるでしょう。その際、そのまま動かないあいこは、はじめからないものと考えることができるので、省略して時間の短縮を図るようにしましょう。

【おすすめ問題集】

Ｊｒ・ウォッチャー47「座標の移動」

問題15　分野：常識（仲間はずれ）／男子　知識

〈準備〉　サインペン（青）

〈問題〉　この問題の絵は縦に使用してください。

絵の中から仲間ではないものを見つけて○をつけてください。

イヌのほかは海にいる生きものなので、イヌが正解になります。このようにに、ほかの問題にも答えてください。

〈時間〉　各10秒

〈解答〉　①右から２番目（ハチ）　②右から２番目（ヒマワリ）　③右端（掃除機）
④左から２番目（チョウ）　⑤左端（リコーダー）
⑥左から２番目（トマト）　⑦右から２番目（ジョウロ）
⑧左から２番目（マヨネーズ）　⑨右端（七夕）　⑩右端（エプロン）

［2019年度出題］

家庭学習のコツ②　「家庭学習ガイド」はママの味方！

問題演習を始める前に、試験の概要をまとめた「家庭学習ガイド（本書カラーページに掲載）」を読みましょう。「家庭学習ガイド」には、応募者数や試験科目の詳細のほか、学習を進める上で重要な情報が掲載されています。それらの情報で入試の傾向をつかみ、学習の方針を立ててから、対策学習を始めてください。

学習のポイント

仲間はずれ（仲間探し）の問題は、知識が必要なことはもちろんですが、柔軟なものの見方ができるかというところも重要なポイントになります。②を例にあげると、コスモス（秋）、モミジ（秋）、ヒマワリ（夏）、カキ（秋）となるので、正解はヒマワリになります。ただ、植物とくだものという分け方をすれば、カキが仲間はずれになります。ですが、出題者が正解はヒマワリとしている以上は、その正解にたどり着かなければいけないのです。そこで、先ほど言った柔軟なものの見方が活きてきます。選択肢にあるモミジの絵は葉っぱだけです。もし、カキを仲間はずれにするとすれば、この絵は木の状態で描かれているでしょう。その方が植物らしさを印象付けられるからです。ここで葉っぱだけを描いたのは、落ち葉→紅葉という印象を与えるためです。繰り返しになりますが、仲間はずれの問題には、絶対的な正解があるわけではありません。ただし、学校が意図する、「年齢相応の知識で答えるべき答え」をした方が、正解の可能性が高くなるということです。自分の解答が「こんなに簡単でよいのか」と思ったり、違和感のある時は、違った視点で考えてみましょう。ちなみに、④も悩みどころだと思います。肉食（ほかの昆虫などを食べる）のカマキリ、アリ、トンボと、蜜を吸うチョウという分け方になります。この問題でも、それ以外の分け方ができます。そうした意味で、仲間はずれの問題が出題される学校を受験される方は、過去問題集などを利用して、どういう分け方をする傾向があるのかをしっかりと確認しておく必要があるでしょう。

【おすすめ問題集】

Ｊｒ・ウォッチャー11「いろいろな仲間」、12「日常生活」、27「理科」、
34「季節」、55「理科②」

問題16　分野：お話の記憶／男子

聞く　集中

〈準備〉　サインペン（青）

〈問題〉　**この問題の絵は縦に使用してください。**

お話をよく聞いて、後の質問に答えてください。

お母さんの「キャー」という叫び声で、ぼくは起きました。お兄ちゃんの枕がゴソゴソ動いていたので、お母さんが枕元を見てみるとカメがいたのです。お父さんが、誰かからもらってきたカメです。そのカメをどうするか、昨日家族で話し合ったところ、家で飼うことになったのでした。クサガメで名前は「カメちゃん」と名付けました。

カメちゃんの住むお家がなかったので、買いに行くことにしました。煙突のあるぼくの家からまっすぐ進み、２つ目のバス停を左に曲がってすぐのところにあるスーパーで、手提げの付いたプラケースを買いました。カメちゃんがゆっくりたくさん歩けるように、石を３つと砂利も買いました。

ぼくがカメちゃんに触ると、すぐに首を引っ込めてしまいます。「お腹が空いたのかな」「お外に出たいのかな」と心配な気持ちになり、時々ケースから出してあげました。ふだんは、小さなエサの粒をあげていますが、植木鉢の下にいるミミズをあげると、美味しそうに食べるのでとてもうれしくなりました。

ある日、カメちゃんがケースの中からいなくなってしまいました。どこに行ったのか心配になり、家族みんなで近所を探しました。お兄ちゃんとぼくは、草むらや家の庭を探しました。すると、お兄ちゃんの「見つけた！」という声が聞こえてきました。隣のおばあちゃんの家のアジサイの下にいました。アジサイの下をノソノソ歩いている時に、前足を怪我したようで、元気がありませんでした。そんなカメちゃんに、お母さんが「今日は特別よ」と言って、マグロのお刺身を食べさせてあげました。

（問題16-１と16-２の絵を渡す）

①母さんが最初にカメを見つけたところはどこでしょうか。選んで○をつけてください。

②お話に出てきたカメはどれでしょうか。選んで○をつけてください。

③カメのお家を買ったのはどのスーパーでしょうか。選んで○をつけてください。

④スーパーで買ったカメのお家はどれでしょうか。選んで○をつけてください。

⑤いなくなったカメを見つけたのは誰でしょうか。選んで○をつけてください。

⑥カメはどの花の下で見つかったでしょうか。選んで○をつけてください。

⑦いなくなったカメを連れて帰って食べさせたものは何でしょうか。選んで○をつけてください。

⑧お話に出てこなかった人は誰でしょうか。選んで○をつけてください。

〈時間〉　各10秒

〈解答〉　下図参照

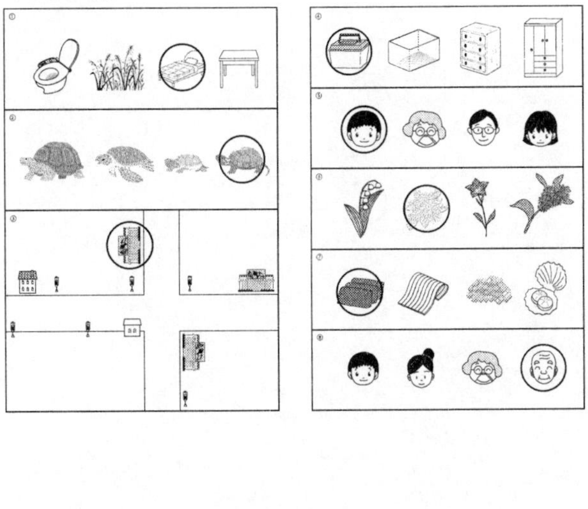

［2019年度出題］

学習のポイント

お話の記憶の問題ですが、お話の流れや展開とは直接関係のない理科知識や地図の移動といった問題も出題されています。②のクサガメはどれかという問題は、知っていなければ答えられない問題なので、知識として押さえておきたいところです。もう1問、アジサイはどれかという問題もありました。当校では単独で理科の問題が出題されていないからといって、出題分野以外をまったく学習していなかった人は、足をすくわれる形になったかもしれません。そうしたことにならないためにも、幅広い分野の基礎学習が必要になります。出題傾向が変わらない学校は、高い得点を取らなければ合格は望めません。こうしたちょっとした出題の変化に対応できるかできないかが、大きな差になってしまうかもしれません。もし、手を付けていない分野や苦手な分野があれば、早めに対策をするようにしましょう。

【おすすめ問題集】

1話5分の読み聞かせお話集①・②、お話の記憶 初級編・中級編・上級編、
Jr・ウォッチャー19「お話の記憶」

問題17 分野：図形（座標の移動）／男子

観察 考え

〈準 備〉 サインペン（青）

〈問 題〉 この問題の絵は縦に使用してください。
ルーレットが、それぞれの色のサイコロの目の数だけ矢印の方向に動きます。最後に★はどこにあるでしょうか。正しいものを選んで○をつけてください。

上の段を見てください。★は左回りに1つ動き、右回りに2つ動きます。ですので、はじめのところから1つ右に動いたところが正解になります。このようにに、ほかの問題にも答えてください。
※実際の試験では、先生が★を指さしながら例題を説明。

〈時 間〉 ①～⑤各15秒 ⑥～⑩各30秒

〈解 答〉 ①左から2番目 ②左端 ③右端 ④右から2番目 ⑤左から2番目
⑥左端 ⑦左端 ⑧右から2番目 ⑨右端 ⑩右から2番目

［2019年度出題］

家庭学習のコツ③ 効果的な学習方法～問題集を通読する

過去問題集を始めるにあたり、いきなり問題に取り組んではいませんか？ それでは本書を有効活用しているとは言えません。まず、保護者の方が、すべてを一通り読み、当校の傾向、ポイント、問題のアドバイスを頭に入れてください。そうすることにより、保護者の方の指導力がアップします。また、日常生活のさまざまなことから、保護者の方自身が「作問」することができるようになっていきます。

学習のポイント

考え方としては座標の移動ということになりますが、回転図形ととらえることもできます。例題での説明の通り１つひとつ数えていっても、もちろん正解にたどり着くことはできますが、後半になってくるとサイコロが６個になるので時間がかかってしまいます。この場合は、先にいくつ動くのかを計算してしまいましょう。サイコロが２個でも６個でも考え方は同じです。数が多い場合には、左側（白）と右側（灰色）のサイコロの目の数をそれぞれたしておくという作業がプラスされるだけです。まず、左右のサイコロの目のどちらがいくつ多いのかを考え、その多い数の分だけ移動する。言葉で説明すればそれだけのことなのです。ただ、円の移動という形になるだけで、難しさは格段に上がります。もし、円の移動を難しく感じているようでしたら、同じ問題を、円ではなく直線でやってみてください。単純な左右の移動になるので理解しやすくなります。そうしたステップを踏んでから、もう１度、円の移動に取り組むことで、基本的な考え方は同じということに気付くことができるでしょう。

【おすすめ問題集】

Ｊｒ・ウォッチャー46「回転図形」、47「座標の移動」

問題18　分野：推理（四方からの観察）／男子

観察　考え

〈準備〉　サインペン（青）

〈問題〉　この問題の絵は縦に使用してください。

左の四角の中のものを矢印の方向から見た時、どんな形に見えるでしょうか。正しいものを選んで○をつけてください。

※例題はあったが、正解を言ったのみで、考え方の説明はなし。

〈時間〉　３分

〈解答〉　①左から２番目　②右端　③左端　④右から２番目　⑤右から２番目
⑥左端　⑦左から２番目　⑧右から２番目　⑨左端　⑩左端

［2019年度出題］

家庭学習のコツ④　効果的な学習方法～お子さまの今の実力を知る

１年分の問題を解き終えた後、「家庭学習ガイド」に掲載されているレーダーチャートを参考に、目標への到達度をはかってみましょう。また、あわせてお子さまの得意・不得意の見きわめも行ってください。苦手な分野の対策にあたっては、お子さまに無理をさせず、理解度に合わせて学習するとよいでしょう。

学習のポイント

四方からの観察は、立体的な図形をある視点から平面的にとらえる問題です。保護者の方からすれば簡単そうに見える問題かもしれませんが、お子さまにとって、「今見ている」ところではない視点でものを見る（考える）ということは、思っている以上に難しいことなのです。形がどうなっているのかを考えるという意味では推理問題と言えるかもしれませんが、数多くの形を見ることで直感的にわかるようになるという意味では図形問題とも言えます。ペーパーで数多く問題をこなすことも必要かもしれませんが、それより、同じものでも見る方向によって形が違って見えるということを、積み木などの具体物を使ってお子さまに実際に見せることが大切です。そうすることで、自分から見た主観的な視点だけではなく、客観的な視点を持つことができるようになります。日常生活の中でもできることなので、今見ているところではない方向からものを見る習慣をつけるようにしてください。

【おすすめ問題集】

Ｊｒ・ウォッチャー10「四方からの観察」、53「四方からの観察　積み木編」

問題19　分野：図形（池パズル）／女子

考え　観察

〈準備〉　問題19－１を切り取り、表裏を貼り合わせて、パズルのピースを作る

〈問題〉　この問題は絵を参考にしてください。
①見本と同じ形を作ってください。
②見本にあるのはダメな池です。ほかの池を好きなだけ作ってください。
（しばらく時間が経ってから）さっき作った池もいいですね。

〈時間〉　適宜

〈解答〉　省略

［2019年度出題］

学習のポイント

実際にパズルをする口頭試問形式の課題で、①では見本通りに、②では自由に「池」を作ります。①では、問題をしっかり聞いて、指示通りにできるかというところが観られています。②では、自由に池を作るのですが、逆に考えてみると、指示がないということになります。口頭試問や行動観察でのポイントとして、「話を聞く」「指示通り動く」ということがよく言われますが、それをマニュアルのようにとらえてしまうと、指示がないと何もできないということになりかねません。言われたことしかできないということでは、だめということです。そうした部分を②では観ているのでしょう。しばらくして「さっき作った池もいいですね」という声かけがあるのは、指示がないと動けないお子さまへのサポートと考えられます。ただ、そうしたサポートがなくても自発的に行動できるお子さまの方が評価が高いことは間違いないでしょう。

【おすすめ問題集】

Ｊｒ・ウォッチャー３「パズル」

問題20　分野：お話の記憶／男女

聞く　集中

〈準備〉　クーピーペン（青）

〈問題〉　これからお話を読みます。よく聞いて、後の質問に答えてください。

夏休みになりました。あつしくんは、お父さん、お母さん、お兄さんといっしょにおじいさんの家へ泊まりに行きました。おじいさんの家へ行くには、まず新幹線に乗ります。それからバスに乗り、最後にタクシーに乗りました。タクシーから降りて少し歩くと、イチジクの木が見えました。おじいさんの家に向かいながら、イチジクの木を見ると、大きなカマキリがとまっていました。
あつしくんは、虫が好きで、おじいさんの家にいる間に、カブトムシとクワガタを捕まえたいと思っていました。そこで、お父さんにお願いして、近くの林に行きました。そして、虫の好きな甘いゼリーを木の枝の上に置いてきました。このゼリーを目当てに、カブトムシやクワガタが夜の間に集まってくるはずです。その夜、あつしくんは、ワクワクしてなかなか眠れませんでした。
次の日、あつしくんは早起きして、急いで朝ごはんを食べました。早く林へ行きたいのです。みそ汁を急いで飲んで、すぐに着替えました。お気に入りの星の絵のシャツを着て、白と黒の模様があるズボンを履いて、準備万端です。早速、お父さんといっしょに、昨日ゼリーを置いた枝を見に行きました。出かける時に、おじいさんとお母さんとお兄さんが、「虫がいるといいね」と言って、あつしくんたちを見送ってくれました。
林に着いたあつしくんとお父さんは、ゼリーを置いた木のところへ行きました。しかし、ゼリーには虫がいません。すると、お父さんが、「木を蹴ったら上の方にいる虫が落ちてくるかもしれないよ」と言いました。そこであつしくんは、「ドン」と木を蹴りました。しかし、何も落ちてきません。続いて、お父さんが、「ドドン」と木を蹴ると、カブトムシとクワガタが１匹ずつ落ちてきました。あつしくんがもう１回「ドン」と蹴ると、クワガタが１匹落ちてきました。そこで、３匹全部を虫カゴに入れて家へ帰りました。
家に帰ると、お母さんが、あつしくんの好きなカレーライスを作ってくれていました。昼ごはんを食べながら、林での出来事をお兄さんに話すと、「うん、うん。よかったね」と言ってくれました。明日は、お兄さんといっしょに海で遊ぶ約束をしています。明後日は、おじいさんに将棋を教えてもらう約束もしています。明日からの毎日が待ち遠しくて、あつしくんはわくわくしていました。

（問題20-１、問題20-２の絵を渡す）
①おじいさんの家へ行く時、２番目に乗ったものに、○をつけてください。
②イチジクの木にいた虫はどれですか。○をつけてください。
③あつしくんが朝ごはんに食べたものに、○をつけてください。
④虫とりの時、あつしくんはどんな格好をしていましたか。選んで○をつけてください。
⑤あつしくんが木を蹴った時に落ちてきた虫に、○をつけてください。
⑥虫カゴに虫は何匹入っていますか。その数だけ、四角の中に○を書いてください。
⑦お母さんが昼ごはんに作ってくれたものに、○をつけてください。
⑧お兄さんと約束した遊びはどれですか。選んで○をつけてください。

〈時間〉　⑥20秒　それ以外は各10秒

〈解答〉　①右端（バス）　②左端（カマキリ）　③右から２番目（みそ汁）
④右端　⑤右から２番目（クワガタ）　⑥○：３　⑦左端（カレーライス）
⑧左から２番目

［2018年度出題］

学習のポイント

当校のお話の記憶の問題では、やや長いお話が扱われます。内容的にも登場人物が多く、場面が次々と切り替わるので、注意して聞かないと、展開についていけず混乱してしまうかもしれません。設問数も多いので、お話の記憶の問題としては、標準的な出題よりも難易度が高いと言えるでしょう。こうした難しい問題にいきなり取り組んでも、なかなか完璧に解答できるものではありません。まずは短いお話を聞いて、内容を記憶し、設問に解答するコツをつかみましょう。お話を記憶するコツは、語られている情景をイメージすることです。また、お話の印象に残った場面を覚えていくと、質問されやすいポイントを覚えることに自然とつながることが多いようです。このお話で言えば、イチジクの木にカマキリが止まっている様子や、あつしくんがお父さんといっしょに木にゼリーを仕かけた場面がこれに当てはまるでしょう。つまり、印象に残った場面を思い浮かべながら、設問を聞くことで、解答しやすくなるということになります。

【おすすめ問題集】

1話5分の読み聞かせお話集①・②、お話の記憶 初級編・中級編・上級編、
Ｊｒ・ウォッチャー19「お話の記憶」

◎学習効果を上げるため、前掲の「家庭学習ガイド」及び「合格のためのアドバイス」をお読みになり、各校が実施する入試の出題傾向を、よく把握した上で問題に取り組んでください。
※冒頭の「本書ご使用方法」「本書ご使用にあたっての注意点」も併せてご覧ください。

〈なぎさ公園小学校〉

2020年度の最新問題

問題21　分野：口頭試問・お話の記憶、お話作り　話す　考え

〈準備〉　なし

〈問題〉　この問題の絵はありません。

【男子】
僕とお友だちは、公園へ遊びに行きました。公園に着くと、セミがミンミンと鳴いていました。まずはじめに、滑り台で遊びました。すると、お友だちが転んでしまいました。

①お話の季節はいつでしょうか。
②お話の続きを作ってください。

【女子】
今日は、まりちゃんのお誕生日会です。お友だちがクッキーを持って、まりちゃんの家へ行きました。途中で、大きなヒマワリの花を見ました。

①お話の季節はいつでしょうか。
②お話の続きを作ってください。

〈時間〉　適宜

〈解答〉　省略

［2020年度出題］

学習のポイント

例年出題されている「お話作り」の問題です。お話の続きを作るという形なので、示された文章の続きとして矛盾しなければ、どのようなお話でもかまいません。年齢相応の表現でかまわないので、自由に話してください。もし、悪い評価を受けるとすれば、2つのケースが考えられます。1つは示された文章とつながりのないお話をしたケース。指示を聞いていないのと同じような印象を与えます。もう1つはよくわからない話をしたケース。言葉を知らないのか、人に伝えるということができないのかはお子さまによって違うでしょうが、理解不能だとコミュニケーションが取れないのではないかという不安を与えてしまいます。この2つに当てはまらなければ何も問題はありません。お話の面白さとか、表現力といった創造性といったところまでは評価されないのです。

【おすすめ問題集】
新口頭試問・個別テスト問題集、新ノンペーパーテスト問題集
Ｊｒ・ウォッチャー19「お話の記憶」、21「お話作り」、29「行動観察」

問題22　分野：巧緻性

集中　聞く

〈準　備〉　青色の紙、緑色の紙、ハサミ、のり、クーピーペン（12色）、鉛筆

〈問　題〉　（問題22－１のように道具箱の中に鉛筆などが並べてある）
（問題22－２「男子」、問題22－３「女子」を渡す）
①左の見本と同じように、右に形を書いてください。書いた形にクーピーで好きな色を塗って、周りの線をハサミで切り取ってください。緑色の紙の上で、切り取った紙にのりを塗って、青色の紙に貼り付けてください。
②終わったら切り取った残りをゴミ箱に捨て、道具を元通りにお道具箱に片付けてください。

〈時　間〉　適宜

〈解　答〉　省略

［2020年度出題］

学習のポイント

制作の課題です。小学校受験、特に当校のような行動観察が大部分を占める入試では、結果ではなくプロセスが重視されており、制作の課題でもそれは変わりません。つまり、指示を理解し、時間内で実行することができていれば何も問題はないのです。もちろん、年齢相応の技術（道具の使い方など）、マナーなども観点の１つですが、これらは優れているものを見つけ出すと言うよりは、著しく劣るものをチェックするための観点ですから、「ふつうに」できていれば気にすることはありません。それ以外の出来映えや作業の正確性といった点は、さらに比重が軽いと考えてください。ほとんど合否判定の材料にはならないと考えてよいでしょう。創造性や基本的な作業の知識は入学してから伸ばすものと考えられているのです。

【おすすめ問題集】
実践 ゆびさきトレーニング①・②・③
Ｊｒ・ウォッチャー23「切る・貼る・塗る」、51「運筆①」、52「運筆②」

問題23　分野：推理（系列）

考え　観察

〈準備〉　鉛筆

〈問題〉　あるお約束にしたがって、記号が並べられています。空いている四角に入る記号を書いてください。

〈時間〉　各30秒

〈解答〉　下図参照

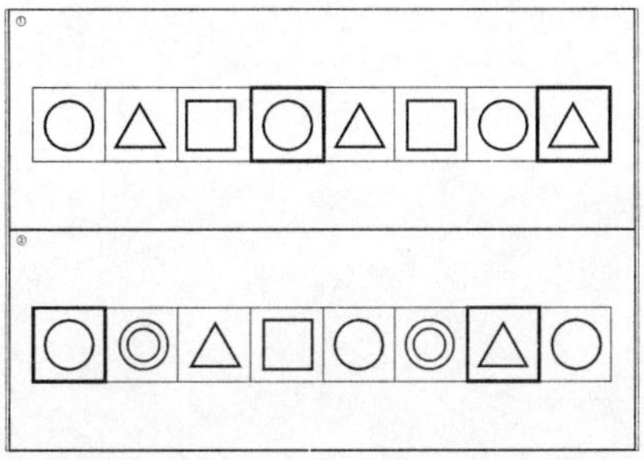

［2020年度出題］

学習のポイント

基礎的な系列の問題です。「ＡＢＣＡＢＣ」といった並び方の法則を見つけ出すのが系列の問題ですが、ここまで簡単なものだと考えるまでもなく答えがわかってしまうでしょう。当校では例年このような問題が出題されていますが、ここまで簡単だと思考力を測るというよりは、入試対策を行ったかどうかのチェックをしているだけではないかと思えてきます。来年から傾向が変わることはないと思いますが、万が一傾向が変わったとしても一度解いておけば問題なく答えられる問題が出ることには違いはないでしょう。対策学習としては過去問題をやれば充分です。むしろ、口頭試問の形式に慣れるために、質問を理解して、それに沿った答えを的確に言える。こういったコミュニケーション能力を伸ばすことを考えた方がよいのです。

【おすすめ問題集】

Ｊｒ・ウォッチャー６「系列」

問題24　分野：図形（同図形探し）

観察　集中

〈準備〉　鉛筆

〈問題〉　左の四角の中の絵と同じものを右の四角の中から選んで、絵の上にある○を鉛筆で塗りつぶしてください。

〈時間〉　各30秒

〈解答〉　下図参照

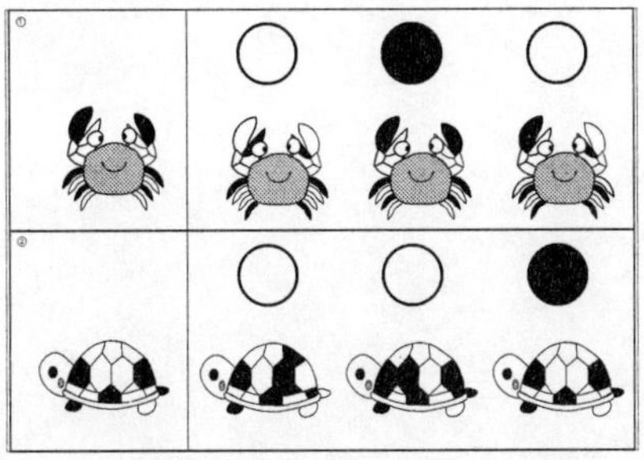

［2020年度出題］

学習のポイント

同図形探しは、一度に見本との違いを見つけ出そうすると混乱することがあるので、絵を分割してから比較するという方法がおすすめです。例えば①なら、カニの右側の手足、胴体、カニの左側の手足と分割して比較するのです。左は爪の色が違うので×、真ん中は同じなので○、右は爪の色が違うので×…いきなり答えがわかってしまったのはたまたまですが、全体を比較して行くよりは効率もよいはずです。図形の問題としては基礎的なものなので、過去問題を数題やれば要領もわかってくるでしょう。繰り返しになりますが、能力を測るためというよりは、試験対策をしているか、入学する意欲があるのかを観点とした入試ですから、対策は過去問題を中心に行えば充分です。苦手意識がある時にだけ、その分野の類題集などを解いてみてください。

【おすすめ問題集】

Ｊｒ・ウォッチャー４「同図形探し」

問題25　分野：行動観察（自己紹介）

話す　聞く

〈準備〉　ぬいぐるみ

〈問題〉　この問題の絵はありません。
（５～６人のグループで、畳の上に座って行う）
ぬいぐるみを持って、「私は○○です。よろしくお願いします」というように自己紹介をしましょう。終わったら、「次の人」と言って、手をあげたほかのお友だちに順番を回しましょう。
※「次の人」と言われたら手をあげて指名してもらう。ぬいぐるみは自己紹介する人に渡す。

〈時間〉　適宜

〈解答〉　省略

［2020年度出題］

学習のポイント

はじめての場所で、はじめて会う人といっしょに課題に取り組むことは、大人でも簡単なことではありません。そうした緊張した雰囲気をほぐす意味もあるのか、当校では行動観察の１番はじめの課題として自己紹介が行われています。手をあげて指名された人が順番に自己紹介をする形で進めていくのですが、自分から手をあげなかったお子さまはいなかったそうです。大人が思っているほど、お子さまは緊張していないということなのでしょうか、みんな積極的に手をあげたり発言をしたりしていたようです。このように、グループでコミュニケーションをとりながら、集団としてのまとまりを作り、次の課題へとつなげていくねらいがあるのかもしれません。

【おすすめ問題集】
新口頭試問・個別テスト問題集、新ノンペーパーテスト問題集
Ｊｒ・ウォッチャー29「行動観察」

問題26　分野：行動観察（鬼ごっこ）

聞く　協調

〈準備〉　三角コーン（８個）、ゼッケン、赤・青の円形の紙（各４枚）
※問題26の絵を参照して配置しておく。

〈問題〉　この問題は絵を参考にしてください。
（５～６人のグループで行う）
赤いコーンと赤と青の紙のセットの中で、鬼ごっこをしましょう。鬼は赤いゼッケンを丸めて持ちましょう。タッチされた人はゼッケンをもらい、鬼になります。先生はずっと鬼です。ただし、コーンの中から外へ出てはいけません。
※鬼が４回交代するまで続ける。

〈時間〉　適宜

〈解答〉　省略

［2020年度出題］

学習のポイント

お子さまにとっては楽しい課題と言えるでしょうが、遊びの中でもしっかりと観察されているということを忘れないようにしましょう。行動観察の中で、こうしたゲーム的な要素が強い課題では、勝ち負けにこだわりすぎたり、熱中しすぎたりして、ルールを守らないお子さまが出てきます。そうしたところを学校は観ているのです。ペーパーテストや面接では観ることのできない、いわゆる素の姿です。ごまかしのきかないところだからこそ、ふだんの生活や躾が表に出てきてしまいます。お子さまの本来の姿を通して、保護者の方が観られているということです。まずは、話をしっかり聞いて、ルールを守ることを徹底していきましょう。

【おすすめ問題集】

新口頭試問・個別テスト問題集、新ノンペーパーテスト問題集、
新運動テスト問題集、Ｊｒ・ウォッチャー29「行動観察」

問題27　分野：行動観察（指示行動）

聞く　協調

〈準 備〉　マット、フープ、三角コーン

〈問 題〉　この問題は絵を参考にしてください。

（５～６人のグループで行う。あらかじめ、問題27の絵を参考にしてマット、フラフープ、三角コーンを配置する。その後、片方のマットの上にグループ全員を集める）

先生の言った通りに、マットからマットへ移動してください。

①置いてあるものにぶつからないように移動しましょう。

②カメ（ウサギ）のポーズで移動しましょう。

③置いてあるものにぶつからないように、ケンケン（スキップ）で移動しましょう。

④好きな色のフープを下からくぐって移動しましょう。

⑤好きな色のフープを上からくぐって移動しましょう。

〈時 間〉　適宜

〈解 答〉　省略

［2020年度出題］

学習のポイント

課題の名前にもなっているように、指示をきちんと聞いて、理解し、行動できるかどうかが、最大のポイントになります。１つひとつの課題自体はそれほど複雑なものではありませんが、次から次へと指示が出てくるので、最後まで集中力を切らさないようにしていきましょう。とは言っても課題に取り組んでいる間ずっと集中しているというのは、お子さまにとっては難しいことです。課題ごとに気持ちを切り替えるようにするとよいでしょう。また、自分が課題に取り組んでいる時間以外も、行動は観られています。待っている間の態度は、お子さまの素の姿が出てしまいがちなので、リラックスしすぎないように注意しましょう。

【おすすめ問題集】

新口頭試問・個別テスト問題集、新ノンペーパーテスト問題集、
新運動テスト問題集、Ｊｒ・ウォッチャー28「運動」、29「行動観察」

問題28　分野：行動観察（グループ）

協調　聞く

〈準備〉　ボール、平均台（２台）、机（２台）、鉄棒、コーン、フープ
※問題28の絵を参照して配置しておく。

〈問題〉　**この問題は絵を参考にしてください。**
（５～６人のグループで行う）
①平均台の上にボールを載せ、ボールを転がしましょう。平均台の隙間では、ボールを持ち上げてください。
②２人はフープを、４（３）人はボールを持って、フープにボールをくぐらせましょう（全員でフープをボールの上からかける場合もあり）。
③ボールを転がして、コーンの周りを一周してください。
④フープの中にボールを皆で置いて、５秒間数えましょう（１～５を一斉に唱える）。
⑤鉄棒の上を通して、ボールを鉄棒の向こう側に落としましょう

〈時間〉　１分

〈解答〉　省略

[2020年度出題]

学習のポイント

当校では、５・６人のグループを対象にした行動観察が例年行われています。今回はボールを平均台、机、鉄棒などを経由して運ぶという課題ですが、ここでも主な観点は協調性であることに変わりはありません。基本的には積極的に意見を言い、人の意見を聞いた上でどのように行動するかを決め、実行すれば結果に関係なく協調性があると評価されるはずです。無理に目立とうしたり、協力的でないと判断されると、かなり悪い印象を与えるので、そういった行動はしないようにしてください。なお、人見知りが激しい、あるいは大人しい性格のお子さまは、無理にアイデアを出したり、イニシアチブをとろうとしなくてもかまいません。そういう性格のお子さまだということを面接などでわかってもらうという前提はありますが、誰かの指示に従って、迷惑にならないように行動できるというのも、１つの個性だからです。

【おすすめ問題集】

新口頭試問・個別テスト問題集、新ノンペーパーテスト問題集、新運動テスト問題集
Ｊｒ・ウォッチャー29「行動観察」

問題29　分野：面接　話す　聞く

〈準　備〉　なし

〈問　題〉　**この問題の絵はありません。**

【保護者】
・本校を選んだ理由をお聞かせください。
・本校の教育目標である「４つの柱」の中で、最も共感するものはどれですか。
・ご家庭で大切にしていることは何ですか。
・入学したらお子さまに何を学ばせたいですか。
・お子さまの自慢できるところはどこですか。
・子育てをしていて１番うれしかったことをお聞かせください。
・最近、お子さまに感動したことはありますか。
・子育てで気を付けていることはありますか。
・ご家庭での躾で難しいと感じる点はありますか。
・家で絵本の読み聞かせをしたり、お子さまが絵本を読んだりしていますか。
・本校の教育方針とご家庭の教育方針で一致するところを教えてください。
・幼稚園の行事で印象に残ったものを教えてください。
・現在通っている幼稚園（保育園）を選んだ理由は何ですか。

【志願者】
・お名前を教えてください。
・お友だちのお名前を教えてください。そのお友だちと何をして遊びますか。
・好きな食べ物と苦手な食べ物を教えてください。
・好きな本は何ですか。
・家で何かお手伝いはしますか。それはどんなお手伝いですか。
・家では何をして遊んでいますか。それは誰とですか。
・今、１番がんばっていることはなんですか。「ぼくは（私は）」という言葉に続けて言ってください。
・ここの学校の名前を教えてください。
・最近お母さんに褒められたことは何ですか。
・通っている幼稚園（保育園）の名前を教えてください。

【保護者アンケート】
・小学校受験を考えたきっかけは何ですか。
・受験を決めてから取り組まれたことはありますか。
・小学校の情報はどこから集めましたか。
・参加した学校のイベントや説明会を教えてください。特に印象に残っていることがあれば、お答えください。
・「４つの柱」の中で共感できるものはどれですか。

〈時　間〉　面接　約10分　アンケート　約15分

〈解　答〉　省略

［2020年度出題］

学習のポイント

当校の入試では受付後に面接とアンケートがあります。面接は親子１組に対して、面接官１名で行われました。保護者への質問の中には、当校の教育目標である「４つの柱」に関する質問が含まれています。例年出題されている内容なので、学校説明会に参加し、教育目標をよく理解した上で答えるようにしてください。お子さまへの質問は、それほど難しい質問が出されるわけではありません。元気な声ではっきりと答えるように指導しましょう。アンケートの質問の中で、説明会や学校行事の感想が求められています。学校が主催するこうしたイベントに参加すると、パンフレットだけではわからない学校の雰囲気や教師の熱意なども知ることができるので、積極的に参加するようにしましょう。また、イベントに参加している児童の様子を見ることで、お子さまは入学後の自分をイメージをすることができるでしょう。お子さまによってはそれが「この学校に通ってみたい」という気持ちの高まりにつながっていくかもしれません。

【おすすめ問題集】

新小学校受験の入試面接Ｑ＆Ａ、面接テスト問題集、面接最強マニュアル

2019年度以前の過去問題

問題30　分野：口頭試問・お話の記憶、お話作り

話す　考え

〈準備〉　なし

〈問題〉　この問題の絵はありません。

【男子】
ひろしくんと家族みんなで山に登りました。カブトムシを捕まえて、お家に持って帰りました。

①お話の季節はいつでしょうか。春、夏、秋、冬の中から答えてください。
②どこに行ってカブトムシを捕まえたでしょうか。
③お話の続きを作ってください。

【女子】
ひろこさんは山へ遠足に出かけました。ドングリを拾って、お家に持って帰りました。

①お話の季節はいつでしょうか。春、夏、秋、冬の中から答えてください。
②どこに行ってドングリを拾ったでしょうか。
③お話の続きを作ってください。

〈時間〉　適宜

〈解答〉　省略

［2019年度出題］

学習のポイント

本問で問われていることは、正解かどうかということではなく、どう答えるかというところになるでしょう。もちろん、答えを間違ってもよいということではなく、正解した上での話です。例えば①の答えを「夏」と言うか、「カブトムシがお話に出てきたので、夏です」と言うかでは、印象が大きく違うでしょう。そうした方が、よい評価にもつながるということです。もし、答え方で評価が変わらないのだとしたら、ペーパーテストでもよいわけです。ちなみに、なぜ、「カブトムシが～」の答えの方が評価が高いかわかるでしょうか。それは、「夏」という答えの根拠を示しているからです。口頭試問は、正解にたどり着くための過程を観ているのです。入学試験を口頭試問で行っている意味を、保護者の方はしっかりと理解しておきましょう。

【おすすめ問題集】
新口頭試問・個別テスト問題集、新ノンペーパーテスト問題集
Ｊｒ・ウォッチャー19「お話の記憶」、21「お話作り」、29「行動観察」

問題31　分野：巧緻性

集中　聞く

〈準備〉　黄色の紙、緑色の紙、ハサミ、のり、クーピーペン（12色）、鉛筆

〈問題〉　（問題31-1のように道具箱の中に鉛筆などが並べてある）
（問題32-2「男子」、問題32-3「女子」を渡す）
①左の見本と同じように、右に形を書いてください。書いた形にクーピーで好きな色を塗って、周りの線をハサミで切り取ってください。緑色の紙の上で、切り取った紙にのりを塗って、黄色の紙に貼り付けてください。
②終わったら切り取った残りをゴミ箱に捨て、道具を元通りにお道具箱に片付けてください。

〈時間〉　適宜

〈解答〉　省略

［2019年度出題］

学習のポイント

指示がいくつもあるので、まずはしっかりと問題を聞くことに集中しましょう。作業は大きく分けて、「形を描く」「色を塗る」「切り取る」「貼り付ける」の４つです。それ以外にも「緑色の紙の上で黄色い紙の上に貼り付ける」といった細かい指示もあります。上記の４つの作業の流れは自然なものなので、さほど戸惑うことはないと思います。巧緻性の課題ではありますが、指示通りに課題ができれば、制作物の出来はそれほどシビアに評価されることはないでしょう。もちろん作品がうまく作れるということは大事なことですが、指示を聞いて、理解して、行動できることの方が、入試ではより大切なことです。巧緻性の課題を苦手としているお子さまには、話をしっかり聞いて、自分なりに一生懸命取り組めば、評価してもらえるということを伝えてあげてください。

【おすすめ問題集】
実践 ゆびさきトレーニング①・②・③
Ｊｒ・ウォッチャー23「切る・貼る・塗る」、51「運筆①」、52「運筆②」

問題32　分野：推理（系列）

考え　観察

〈準備〉　鉛筆

〈問題〉　あるお約束にしたがって、記号が並べられています。空いている四角に入る記号を書いてください。

〈時間〉　各30秒

〈解答〉　下図参照

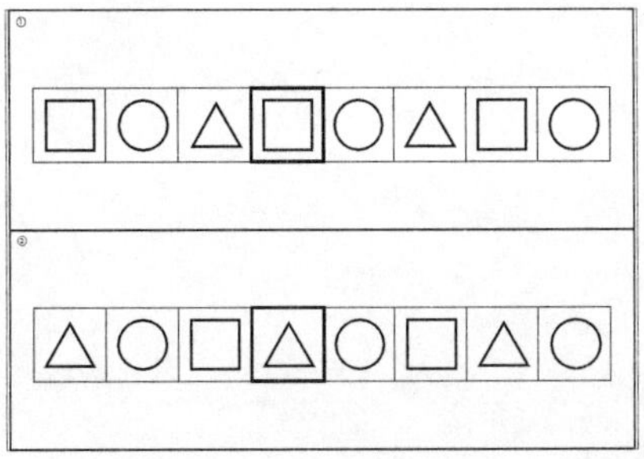

［2019年度出題］

学習のポイント

系列の問題は、繰り返しの規則性を見つけることがポイントになります。その規則性を見つけるための手がかりとなるのが同じ形です。同じ形だけを見ていくと、３マスごとや４マスごとなど、規則的な間隔で並んでいることがわかります。その規則的な間隔が１つのグループになっているのです。例外的なものもありますが、規則性を見つける手がかりとしては有効な方法です。このように系列の解き方を説明していますが、系列問題は、解き方の好みが人によって異なることが多い問題です。もしお子さまが、この解説とは違った方法で解いていても無理に直すようなことをする必要はありません。保護者の方から見て、解き方が確立されているようなら、お子さまのやりやすい解き方でまったく問題ありません。また、系列の問題を苦手としているお子さまには、これまでとは違った解き方をアドバイスしてあげるのもよいでしょう。

【おすすめ問題集】

Ｊｒ・ウォッチャー６「系列」

問題33　分野：図形（同図形探し）

観察　集中

〈準備〉　鉛筆

〈問題〉　左の四角の中の絵と同じものを右の四角の中から選んで、絵の上にある○を鉛筆で塗りつぶしてください。

〈時間〉　各30秒

〈解答〉　下図参照

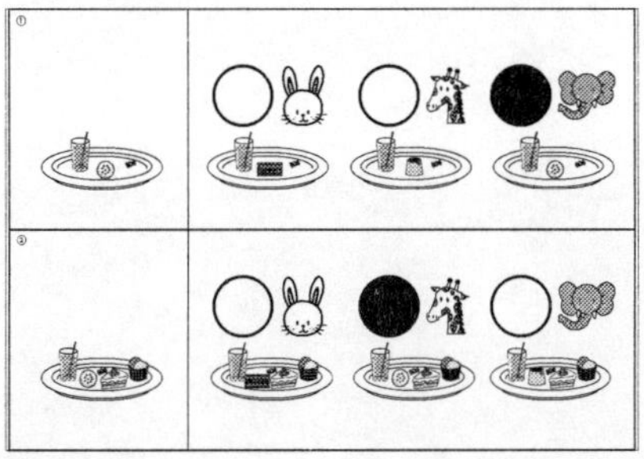

［2019年度出題］

学習のポイント

同図形探しは、その名前の通り、同じものを見つける問題ですが、逆に言えば違うものを見つけて、その答えを外していくことでも正解にたどり着くことができます。ちょっとした視点の違いではありますが、「同じものを見つける」のと「違うものを見つける」のでは、感覚的なとらえ方が異なってきます。結果は同じなので、お子さまのやりやすい方法で問題に取り組んでみてください。また、図形問題全般に言えることですが、この同図形探しも、数をこなすことでしか力をつけることはできません。ハウツー的な近道はなく、コツコツと図形の感覚を磨いていくしかないのです。当校でも例年出題されていますが、年度によって、絵だったり、図形だったりと出題のパターンもさまざまなので、幅広い同図形探しの類題に触れておく必要があるでしょう。

【おすすめ問題集】

Ｊｒ・ウォッチャー４「同図形探し」

問題34　分野：行動観察（集団行動）

協調　聞く

〈準備〉　パターンブロック

〈問題〉　この問題は絵を参考にしてください。

（５～６人のグループで行う）

①みんなで協力して、お手本と同じになるように花を作りましょう。

②箱の中にあるブロックを出してください。

③お手本と同じものを作った後、お手本から広げてもっと大きな花にしましょう。

〈時間〉　１分

〈解答〉　省略

［2019年度出題］

学習のポイント

本問で１番大切なことは、「みんなで協力して」というところです。積極的に参加しないのはもちろんだめですが、自分だけで完成させてしまってもだめということです。１つのものをみんなで作ることが目的になります。また、時間が限られていることで慌ててしまったり、完成することだけに集中して周りが見えなくなってしまったりすることがないように注意しましょう。この課題は、見本と同じ形を作り終えてからが本番と言えるかもしれません。「もっと大きな花にしましょう」となった時に、それぞれが自分勝手に花を大きくしてしまっては、きれいな花にはなりません。ここであらためて、みんなが協力しなければいけないのです。自分の意見を言い、ほかの人の意見を聞きながら、大きな花を作ることが最終的な目的になります。

【おすすめ問題集】

新口頭試問・個別テスト問題集、新ノンペーパーテスト問題集、
Ｊｒ・ウォッチャー29「行動観察」

問題35　分野：口頭試問・お話の記憶・お話作り

集中　聞く

〈準 備〉　鉛筆、消しゴム

〈問 題〉　この問題の絵はありません。
ブタくんは、電柱に止まっているセミを捕まえました。それから、家に帰って、お母さんのお皿洗いのお手伝いをしました。
①お話の季節はいつですか。
②ブタくんは何のお手伝いをしましたか。
③お話の続きを考えて、話してください。

〈時 間〉　①②各10秒　③１分

〈解 答〉　①夏　②お皿洗い　③省略

[2018年度出題]

学習のポイント

短いお話で、内容も単純なものです。話を聞いていれば問題なく解答できるでしょう。ですから、ここで気を付けるべきことは、解答できるかどうかよりも、解答の伝え方です。答えの単語だけを言うのではなく、「夏です」「お皿洗いをしました」といった、相手に理解してもらえる言葉遣いを心がけましょう。なお、③は①②とは違い、お話の続きを自分で考える、発想力を観る課題です。こうした問題を考える方法の１つとして、自分が登場人物の立場になって考えるというものがあります。お子さまが、お話の続きが思いつかないようであれば、「セミを捕まえたらどうするか」「家でお手伝いをした後は何をするか」といった、お話の内容を踏まえた質問を投げかけてください。その答えがそのままお話の続きになります。内容を伝える時は、「誰が」「何をしたか」がわかるように話すとよいでしょう。

【おすすめ問題集】

１話５分の読み聞かせお話集①②、お話の記憶 初級編・中級編・上級編、
Ｊｒ・ウォッチャー19「お話の記憶」、21「お話作り」
新口頭試問・個別テスト問題集

問題36　分野：生活巧緻性

聞く　公衆

〈準備〉　Ａ４の画用紙（白、１枚）、Ｂ４の画用紙（黄、１枚）、Ａ３の画用紙（緑、１枚）、ハサミ、スティックのり、クーピーペン（12色）、鉛筆、消しゴム、道具箱、ゴミ箱

〈問題〉　（あらかじめ準備した道具を道具箱に入れて渡し、問題36の絵を見せる）
①お手本と同じ形を、白い画用紙に鉛筆で描いてください。間違えたら、消しゴムで消してください。
②描いた形にクーピーペンで好きな色を塗ってください。
③周りの線に沿って、ハサミで切り取ってください。
④切り取った絵を、緑色の紙の上で、黄色い紙に貼ってください。
⑤終わったら、ゴミはゴミ箱に捨ててください。使った道具は道具箱へ元通りに片付けてください。

〈時間〉　10分

〈解答〉　省略

［2018年度出題］

学習のポイント

簡単な巧緻性の問題です。指示を聞けることだけでなく、指示通りに道具を使うことや、後片付けができるかどうかまで観られています。こうした生活における巧緻性は、ペーパーのように机上の学習で身に付くものではありません。日々の工作遊びやお手伝いをどれだけ行っているかで習熟度が変わります。そのため、お子さまのご家庭での様子が大きく反映される課題だと言えます。日頃から、服の着替えや家事の手伝いなど、お子さま１人でできることを自分でさせることで、練習としてください。本問を順を追って解説すると、まず、最初に図形の模写を行います。この課題は無地の画用紙を使用するので、書き写す時に目印になるものがありません。なるべく同じ大きさ・位置に描き写せるように気を付けてください。次に、描いた図形をハサミで切り取ります。工作遊びなどを通してハサミの使い方を身に付けておき、きれいな仕上がりを目指しましょう。さらに、切り取った図形を別の紙に貼り付けます。この時、貼る紙と下敷きにする紙の色を間違えないように注意してください。指示を聞く時、自分の動きを頭の中に思い浮かべると、聞き間違いが少なくなります。最後に後片付けをします。ゴミを片付けるだけでなく、道具を箱の中に「元通り」に戻さなくてはなりません。

【おすすめ問題集】
Ｊｒ・ウォッチャー23「切る・貼る・塗る」、25「生活巧緻性」、
実践 ゆびさきトレーニング①②③ 、新口頭試問・個別テスト問題集、
新ノンペーパーテスト問題集

問題37　分野：推理（系列）

観察　考え

〈準備〉　鉛筆

〈問題〉　空いている枠に入る記号を、鉛筆で書いてください。

〈時間〉　各20秒

〈解答〉　下図参照

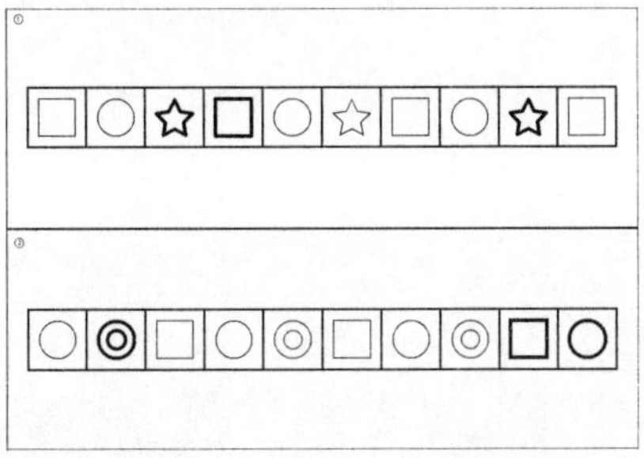

［2018年度出題］

学習のポイント

記号の並び順を見つけ、空白のマスに何が入るかを考える問題です。こうした系列の問題を解くためには、記号の並び順を見つける力が必要です。系列の考え方の基本は、①問題全体に目を通し、使われている記号を確かめる。②並んでいる記号やイラストの中から２つの同じ記号を探す。以上の２つです。その間にある記号の並び方が、問題で使われている系列ですので、空欄に当てはまる記号が自然とわかるということになります。もっとも、この方法は「〇×〇△□」というように、同じ記号が２度登場するパターンや、観覧車などの円形の系列には使えませんから、あくまでも参考ということにしてください。なお、解答する前には、見つけた系列が問題全体に当てはまるか、矛盾がないかを確認しておきましょう。系列の基本的な考え方が身に付いたら、記号が多い系列や、一巡する間に同じ記号が何度も出てくる系列など、さまざまなパターンの問題に取り組んでください。

【おすすめ問題集】

Ｊｒ・ウォッチャー６「系列」

問題38　分野：図形（同図形探し）

観察　考え

〈準備〉　鉛筆

〈問題〉　この問題の絵は縦に使用してください。
それぞれの段の絵の中に１つだけ違うものがあります。選んで、○をつけてください。

〈時間〉　各30秒

〈解答〉　下図参照

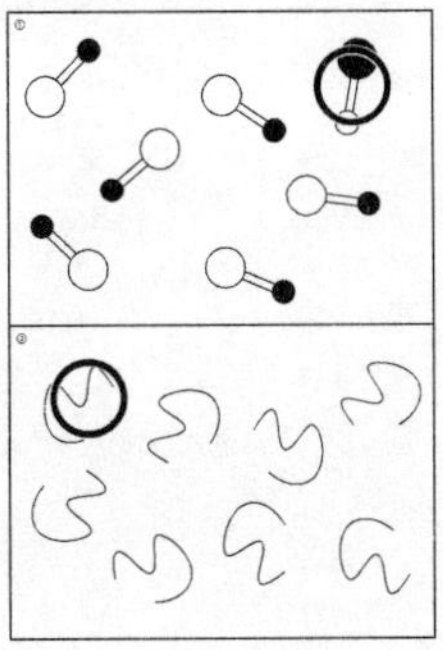

［2018年度出題］

学習のポイント

本問で使用されるイラストは、さまざまな角度に回転しているので、頭の中でイラストを回転させたり、反転させたりする必要があります。回転図形や鏡図形の問題で練習して、図形を操作するイメージを身に付けておいてください。本問のような同図形探しの問題は、どこが違うか予想を立てながら絵を見比べると、スムーズに進みます。例えば、①であれば長さや色、○の大きさなど、②であればカーブの回数や空いている箇所の向きなどが、解答にされやすい部分です。それらに注目しながらイラストを見ると、解答を見つけやすくなります。ただし、この方法を使用する時は、最初の予想に固執しすぎないようにしてください。最初の予想にこだわりすぎると、考え方の視野が狭くなってしまい、かえって解答が見つからなくなってしまいます。最初に予想したポイントで、違いが見つからなかった場合は、気持ちを切り替え、ほかの部分に注目してもう１度違いを探すように心がけてください。

【おすすめ問題集】
　Ｊｒ・ウォッチャー４「同図形探し」

問題39　分野：口頭試問・お話の記憶・お話作り

集中　聞く

〈準備〉　鉛筆、消しゴム

〈問題〉　**この問題の絵はありません。**

これからお話をします。よく聞いて、後の質問に答えてください。

はなこさんはアサガオを育てています。早く咲いてほしいと思って、毎日水をかけてあげました。すると、赤いお花が３つ咲きました。それを見てはなこさんは、「お花が咲いてきれいだな」と言いました。

①アサガオの花は何色でしたか。
②このお話の季節はいつですか。
③アサガオの花はいくつ咲きましたか。
④お話の続きを考えましょう。

〈時間〉　①②③各10秒　④適宜

〈解答〉　①赤色　②夏　③３つ　④省略

［2017年度出題］

学習のポイント

短いお話で、出てくるものも少ないので、集中して内容を聞き取れば、それほど難しいものではありません。ただし、この問題のように、直接答えが出てこない記憶の問題も、当校では頻繁に出題される傾向があります。ただお話を聞くだけでなく、お話に出てきたものの季節や、関連するものについての知識がないと答えられません。お子さまがはじめて見たものの名前を教える際に、名前だけでなく、どのような特徴を持っているか、仲間になるものは何かを教えてあげると、知識を関連付ける助けになります。また、お話の続きを考えることも求められます。お話の聞き取りだけでなく、お話作りも日頃の読み聞かせが参考になります。最初のうちは長くなくてもいいですから、短いお話を参考にして、筋道だったお話が作れるようにしていきましょう。

【おすすめ問題集】

１話５分の読み聞かせお話集①②、お話の記憶 初級編・中級編・上級編、
Ｊｒ・ウォッチャー19「お話の記憶」、34「季節」、
新口頭試問・個別テスト問題集、新ノンペーパーテスト問題集

問題40　分野：図形（同図形探し）

観察　考え

〈準　備〉　鉛筆、消しゴム

〈問　題〉　この問題の絵は縦に使用してください。
上の星の絵と同じ絵を選んで、○をつけてください。

〈時　間〉　30秒

〈解　答〉　下図参照

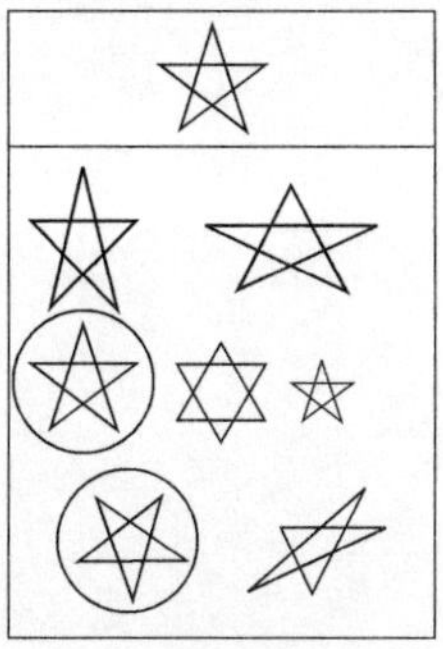

［2016年度出題］

学習のポイント

男子への出題です。同じ向きの絵だけでなく、回転している絵も存在しますから注意しましょう。同図形探しの問題は、絵のどの部分が違うのかを見つけ出す観察力が大切です。これは「注意してよく見ましょう」と言うだけでは身に付きません。有効な方法は、お子さまに絵を描かせることです。まずお子さまに好きなものの絵をできるだけていねいに描かせてみましょう。その際、実物や写真をお手本にすると、お子さまはそれをよく観察し、特徴をとらえて絵を描こうとします。こうすることで集中力や観察力が身に付き、実際の問題でも絵を見た時にどこが同じでどこが違うか、気付くようになるでしょう。

【おすすめ問題集】
Ｊｒ・ウォッチャー４「同図形探し」

安田学園安田小学校　専用注文書

年　　月　　日

合格のための問題集ベスト・セレクション

＊入試頻出分野ベスト3

1st　お話の記憶
聞く力　集中力

2nd　図　形
観察力　集中力

3rd　言　語
語彙力　知識

当校のペーパーテストはとにかく問題数が多いので、正確に解くことはもちろん、解くスピードも求められます。内容は基礎から応用まで様々ですが、指示をよく聞き、理解してから答えるようにしてください。

分野	書　名	価格(税抜)	注文	分野	書　名	価格(税抜)	注文
図形	Ｊｒ・ウォッチャー3「パズル」	1,500円	冊	図形	Ｊｒ・ウォッチャー47「座標の移動」	1,500円	冊
図形	Ｊｒ・ウォッチャー4「同図形探し」	1,500円	冊	言語	Ｊｒ・ウォッチャー49「しりとり」	1,500円	冊
図形	Ｊｒ・ウォッチャー6「系列」	1,500円	冊	推理	Ｊｒ・ウォッチャー53「四方からの観察 積み木編」	1,500円	冊
図形	Ｊｒ・ウォッチャー10「四方からの観察」	1,500円	冊	図形	Ｊｒ・ウォッチャー54「図形の構成」	1,500円	冊
常識	Ｊｒ・ウォッチャー11「いろいろな仲間」	1,500円	冊	常識	Ｊｒ・ウォッチャー55「理科②」	1,500円	冊
常識	Ｊｒ・ウォッチャー12「日常生活」	1,500円	冊	言語	Ｊｒ・ウォッチャー60「言葉の音（おん）」	1,500円	冊
言語	Ｊｒ・ウォッチャー17「言葉の音遊び」	1,500円	冊		1話5分の読み聞かせお話集①・②	1,800円	各　冊
言語	Ｊｒ・ウォッチャー18「いろいろな言葉」	1,500円	冊		お話の記憶 中級編・上級編	2,000円	各　冊
記憶	Ｊｒ・ウォッチャー19「お話の記憶」	1,500円	冊		新口頭試問・個別テスト問題集	2,500円	冊
常識	Ｊｒ・ウォッチャー27「理科」	1,500円	冊		新ノンペーパーテスト問題集	2,600円	冊
観察	Ｊｒ・ウォッチャー29「行動観察」	1,500円	冊		新小学校受験の入試面接Q＆A	2,600円	冊
常識	Ｊｒ・ウォッチャー34「季節」	1,500円	冊		面接テスト問題集	2,000円	冊
図形	Ｊｒ・ウォッチャー35「重ね図形」	1,500円	冊		面接最強マニュアル	2,000円	冊
図形	Ｊｒ・ウォッチャー46「回転図形」	1,500円	冊				

合計	冊	円

(フリガナ) 氏　名	電　話	
	ＦＡＸ	
	E-mail	
住 所　〒　　　－	以前にご注文されたことはございますか。	
	有　・　無	

★お近くの書店、または記載の電話・FAX・ホームページにてご注文をお受けしております。
電話：03-5261-8951　FAX：03-5261-8953　代金は書籍合計金額＋送料がかかります。
※なお、落丁・乱丁以外の理由による商品の返品・交換には応じかねます。
★ご記入頂いた個人に関する情報は、当社にて厳重に管理致します。なお、ご購入の商品発送の他に、当社発行の書籍案内、書籍に関する調査に使用させて頂く場合がございますので、予めご了承ください。

日本学習図書株式会社
http://www.nichigaku.jp

なぎさ公園小学校　専用注文書

年　　月　　日

合格のための問題集ベスト・セレクション

＊入試頻出分野ベスト３

1st　行動観察　知　識　｜　公　衆

2nd　巧緻性　集中力　｜　聞く力

3rd　お話の記憶　聞く力　｜　集中力

適性検査Ａと呼ばれる、口頭試問・個別テストと適性検査Ｂと呼ばれる、集団での行動観察で入学試験は行われます。ペーパーテストは、口頭試問の中で行われています。慣れていないとふだんの力が発揮できなくなってしまうので、注意しておきましょう。

分野	書　名	価格(税抜)	注文	分野	書　名	価格(税抜)	注文
図形	Ｊｒ・ウォッチャー４「同図形探し」	1,500円	冊		１話５分の読み聞かせお話集①・②	1,800円	各　冊
推理	Ｊｒ・ウォッチャー６「系列」	1,500円	冊		お話の記憶 初級編	2,600円	冊
記憶	Ｊｒ・ウォッチャー 19「お話の記憶」	1,500円	冊		実践 ゆびさきトレーニング①・②・③	2,500円	各　冊
創造	Ｊｒ・ウォッチャー 21「お話作り」	1,500円	冊		新運動テスト問題集	2,200円	冊
巧緻性	Ｊｒ・ウォッチャー 23「切る・貼る・塗る」	1,500円	冊		新口頭試問・個別テスト問題集	2,500円	冊
創造	Ｊｒ・ウォッチャー 24「絵画」	1,500円	冊		新ノンペーパーテスト問題集	2,600円	冊
巧緻性	Ｊｒ・ウォッチャー 25「生活巧緻性」	1,500円	冊		新小学校受験の入試面接Ｑ＆Ａ	2,600円	冊
運動	Ｊｒ・ウォッチャー 28「運動」	1,500円	冊		面接テスト問題集	2,000円	冊
観察	Ｊｒ・ウォッチャー 29「行動観察」	1,500円	冊		面接最強マニュアル	2,000円	冊
巧緻性	Ｊｒ・ウォッチャー 51「運筆①」	1,500円	冊				
巧緻性	Ｊｒ・ウォッチャー 52「運筆②」	1,500円	冊				

合計	冊	円

（フリガナ） 氏　名	電　話 ＦＡＸ E-mail
住 所　〒　　　－	以前にご注文されたことはございますか。 有　・　無

★お近くの書店、または記載の電話・FAX・ホームページにてご注文をお受けしております。
電話：03-5261-8951　FAX：03-5261-8953　代金は書籍合計金額＋送料がかかります。
※なお、落丁・乱丁以外の理由による商品の返品・交換には応じかねます。

★ご記入頂いた個人に関する情報は、当社にて厳重に管理致します。なお、ご購入の商品発送の他に、当社発行の書籍案内、書籍に関する調査に使用させて頂く場合がございますので、予めご了承ください。

日本学習図書株式会社
http://www.nichigaku.jp

問題 1

☆安田学園安田小学校

 ①

②③

④

⑤

- 1 -

2021年度　広島県版　私立小学校　過去　無断複製／転載を禁ずる　日本学習図書株式会社

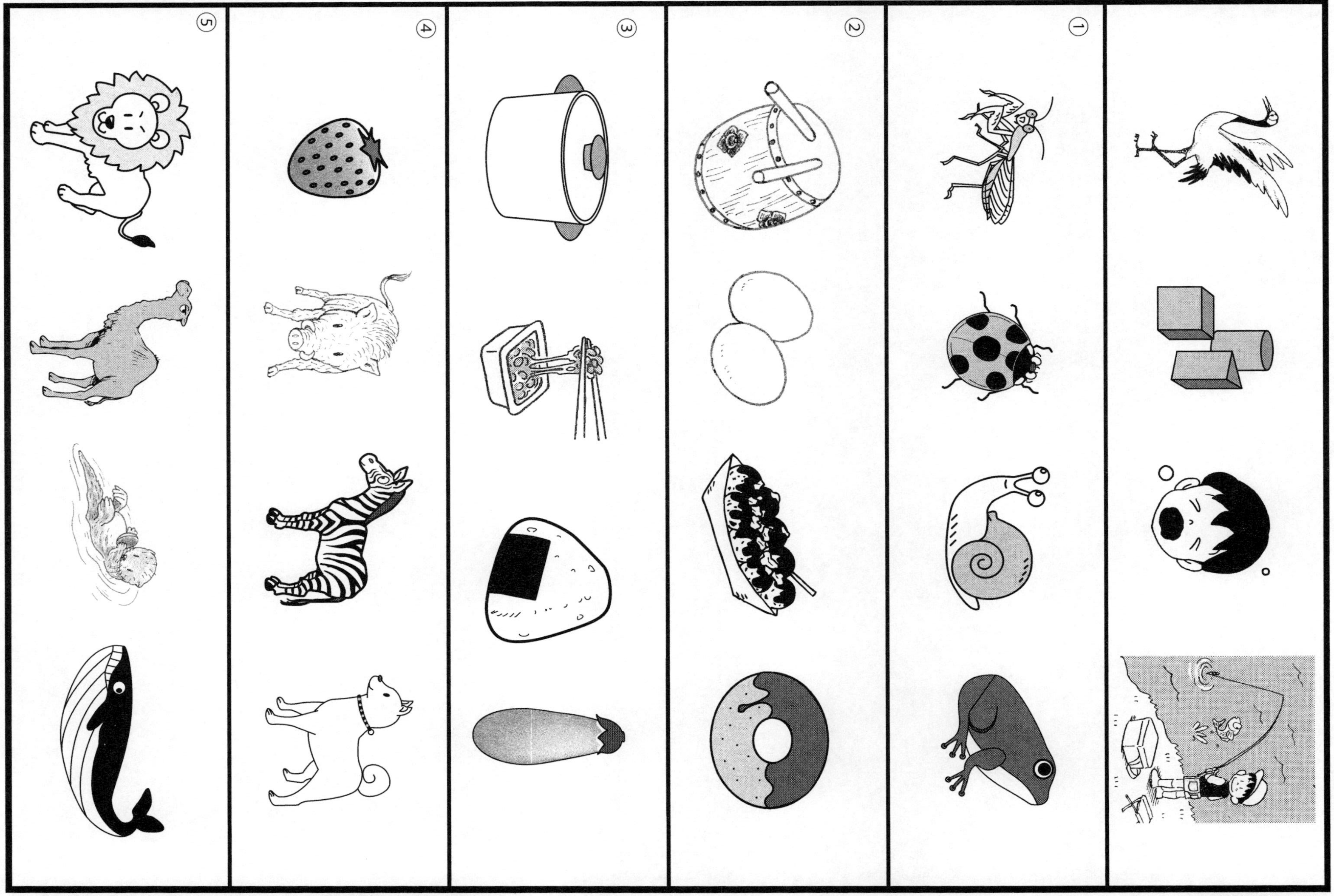

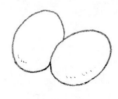

問題2

①

②

③

④

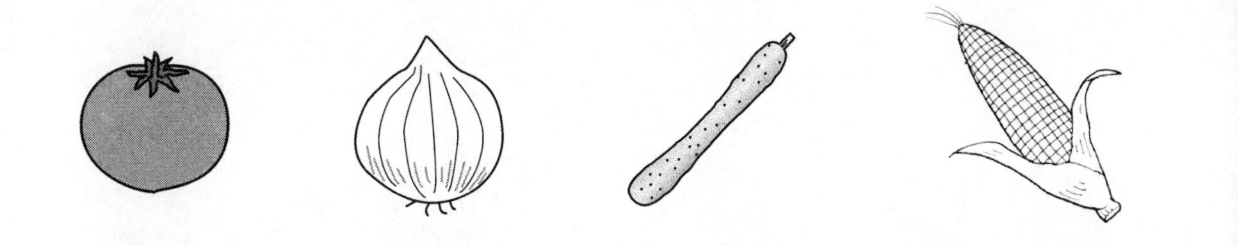

⑤

⑥

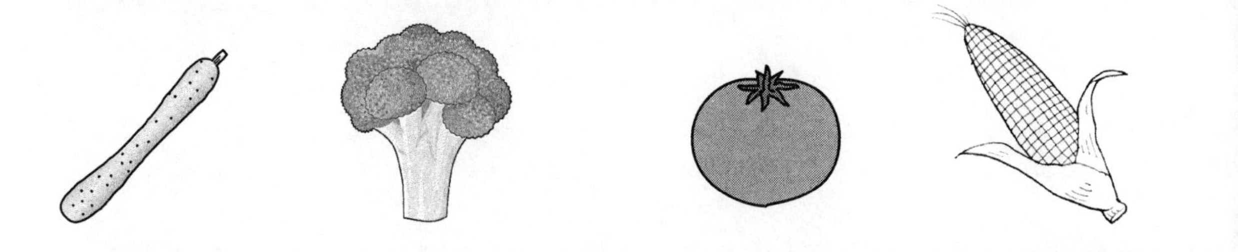

⑦

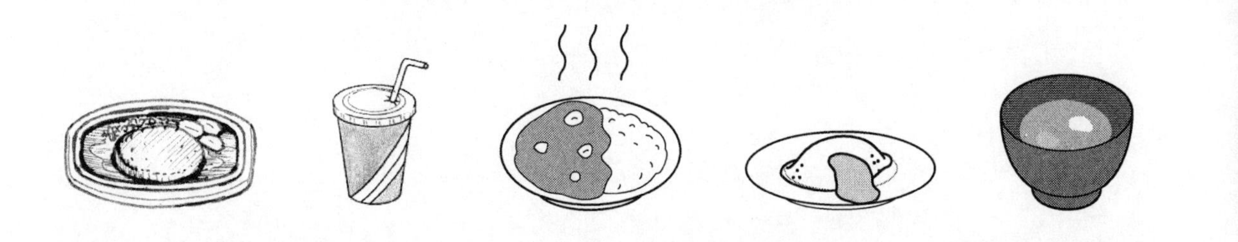

☆安田学園安田小学校

☆安田学園安田小学校

問題３

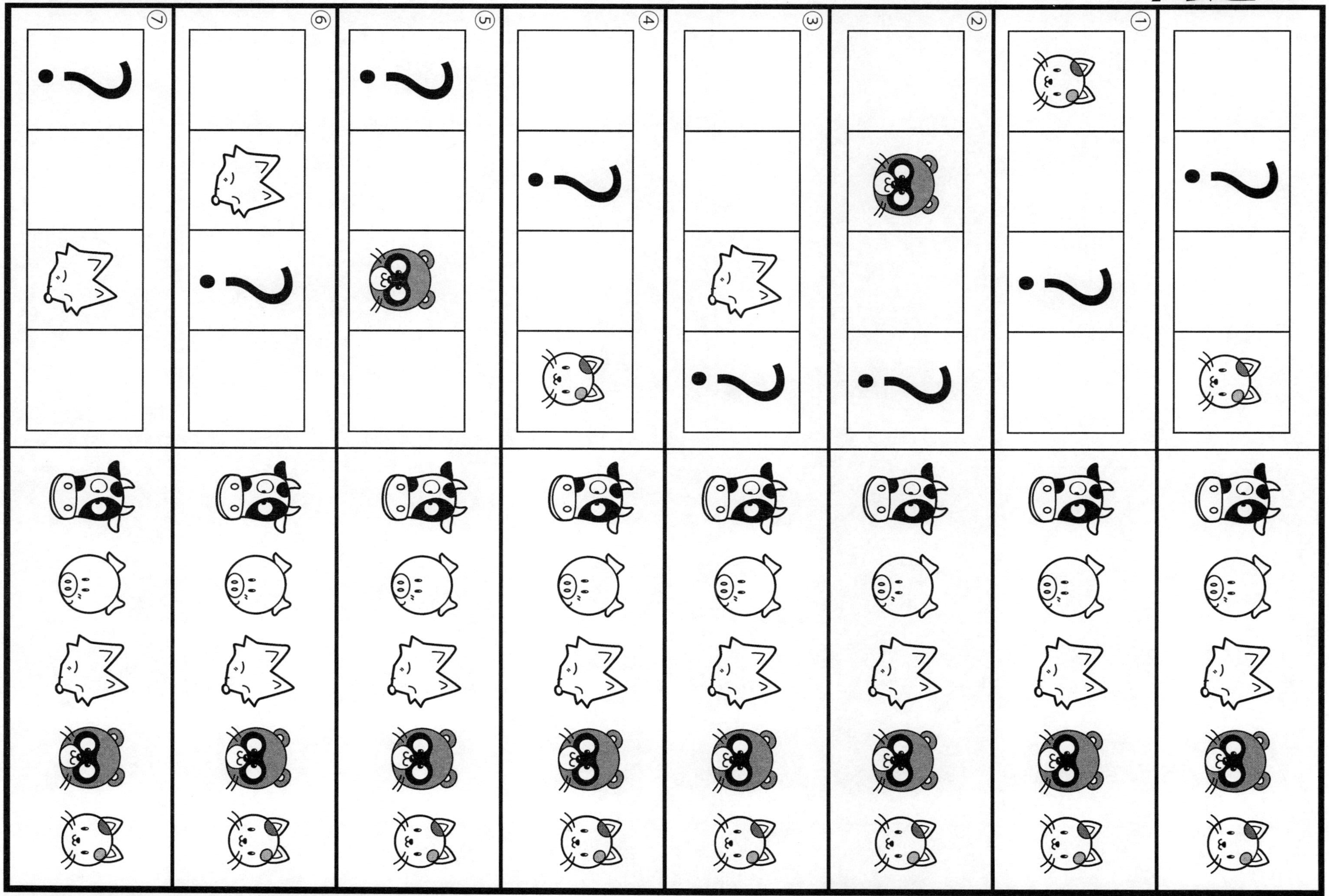

問題４－１

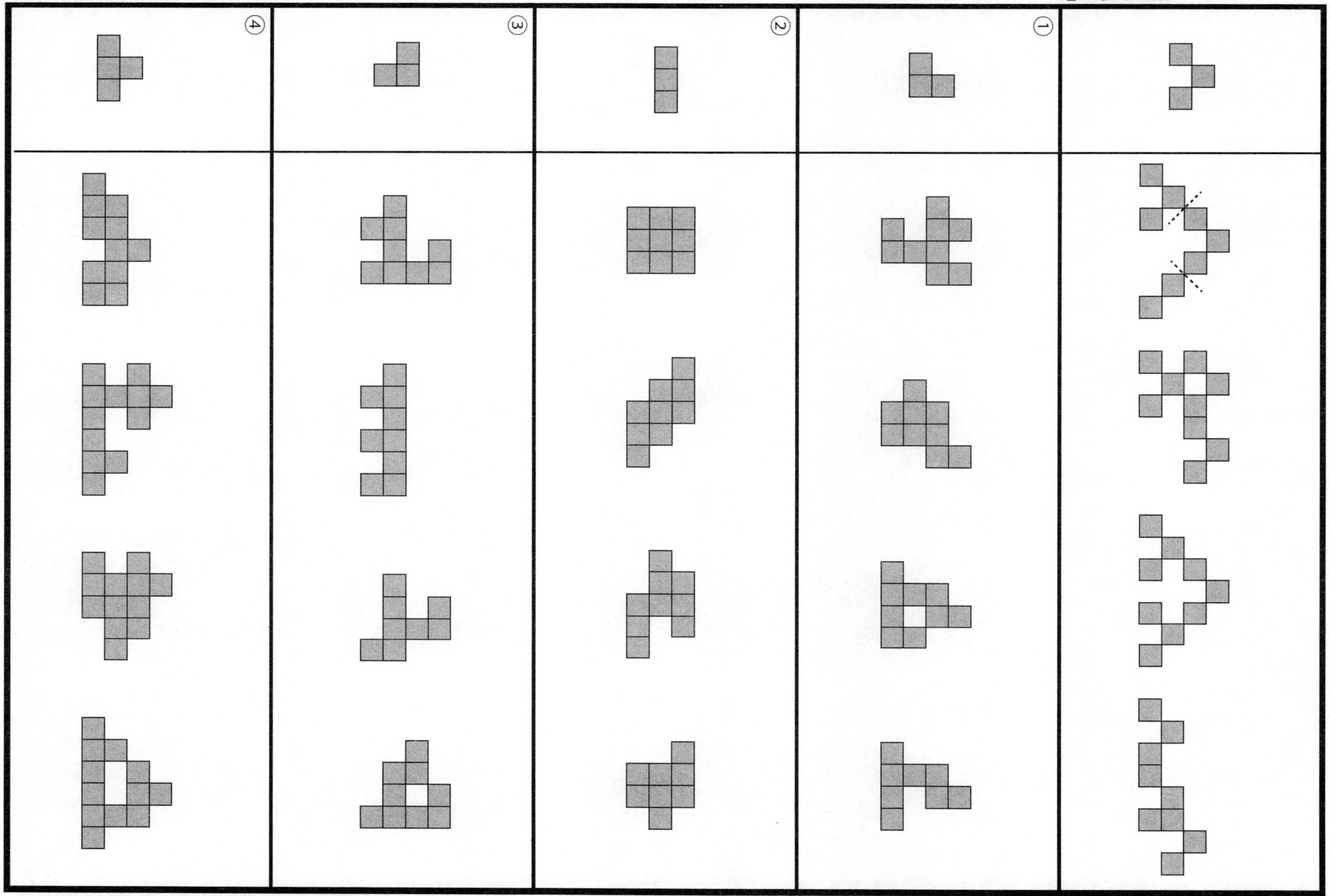

⑥

⑦

⑧

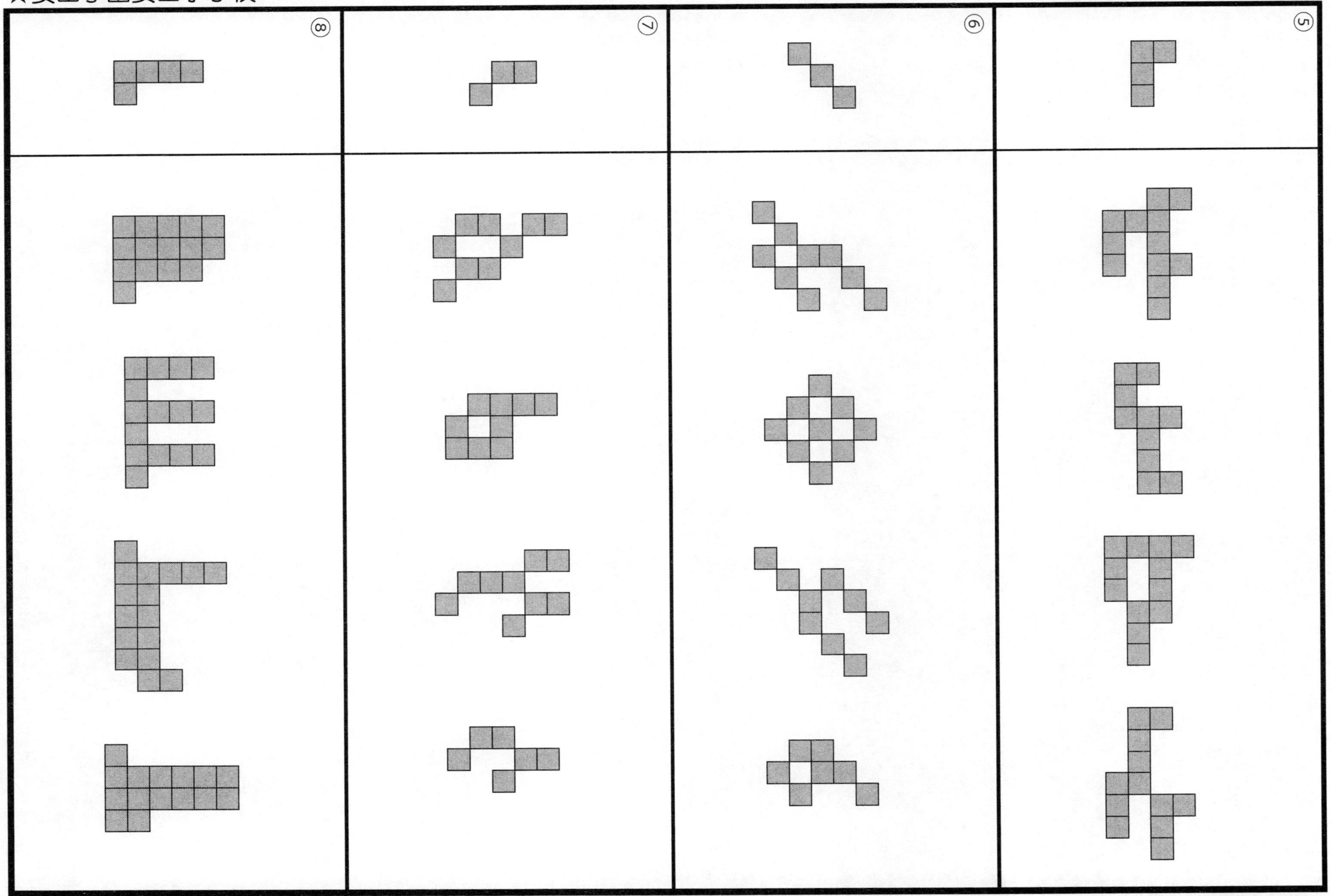

☆安田学園安田小学校

問題5－1

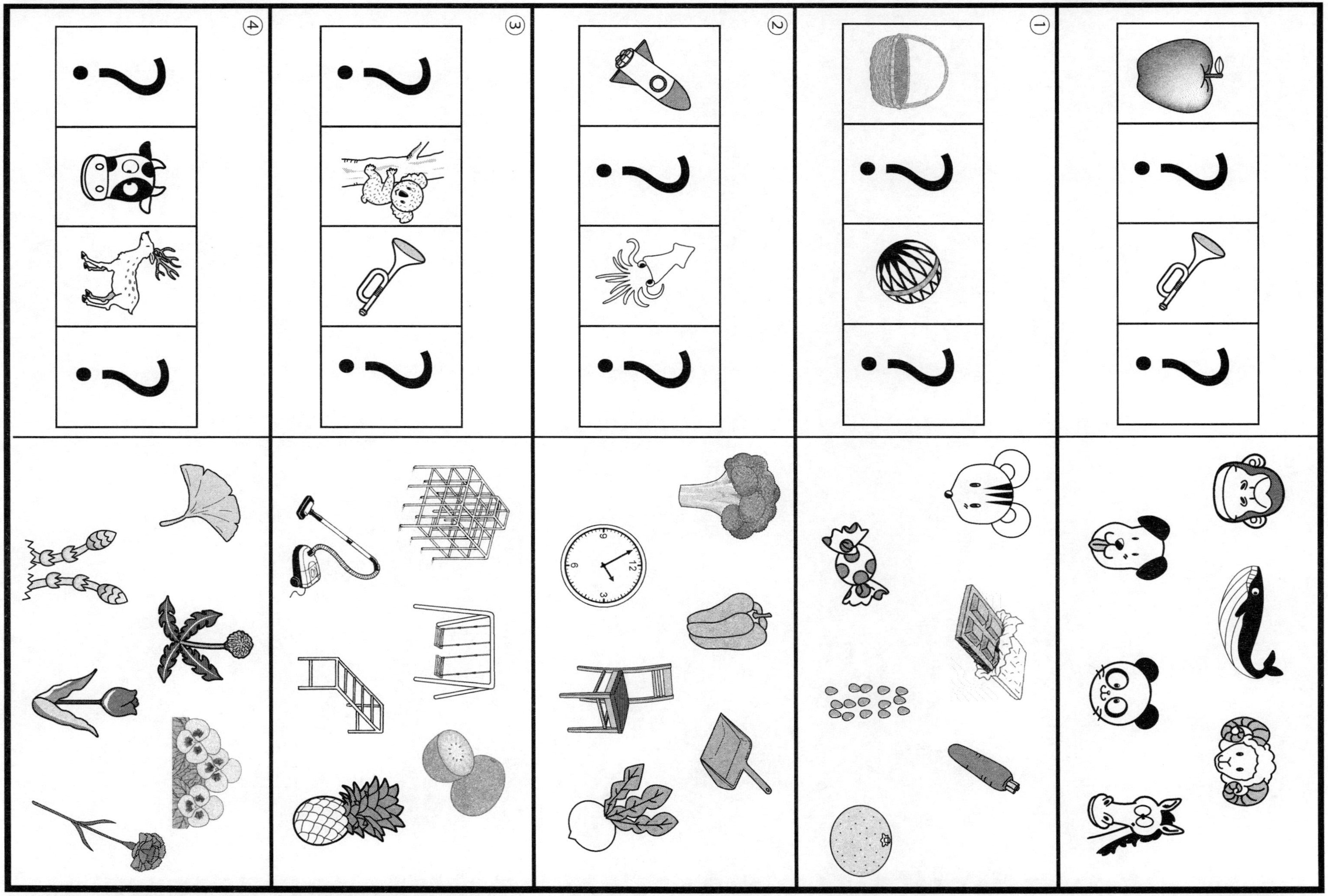

☆安田学園安田小学校

問題5－2

⑤

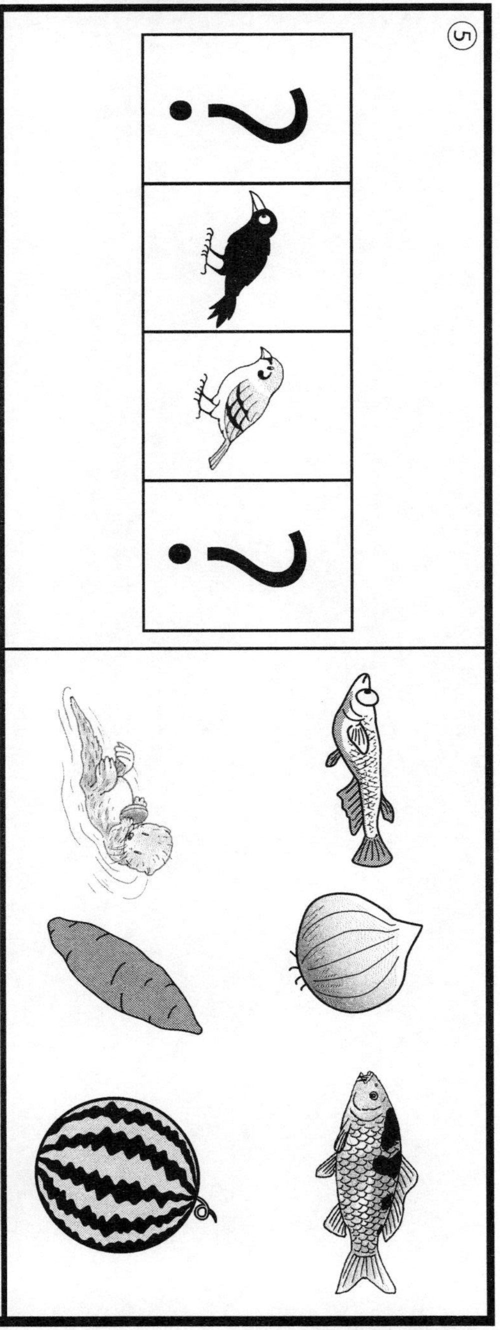

⑥

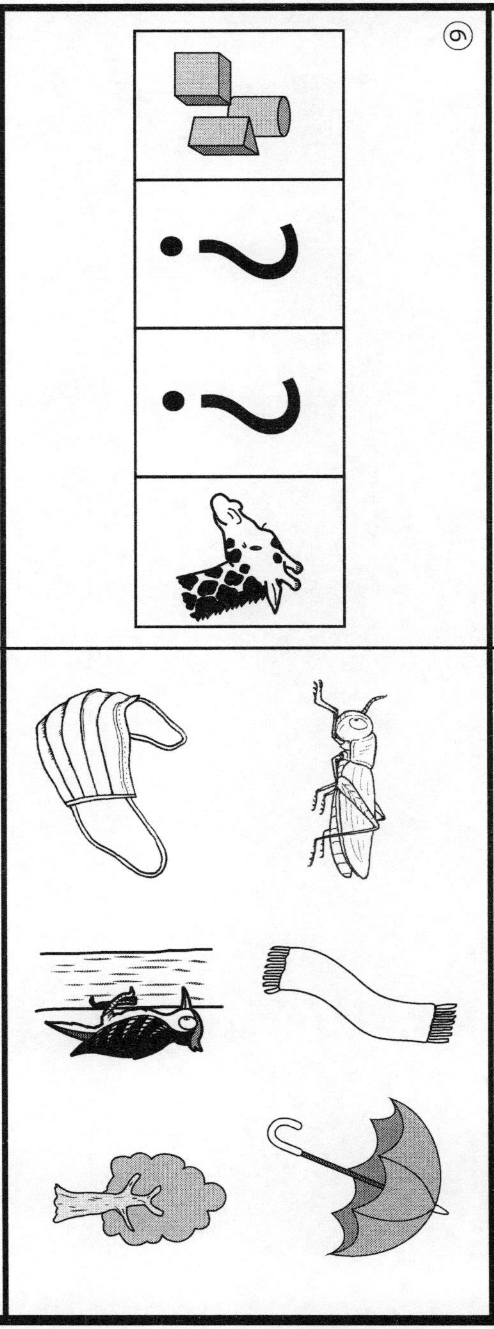

⑦

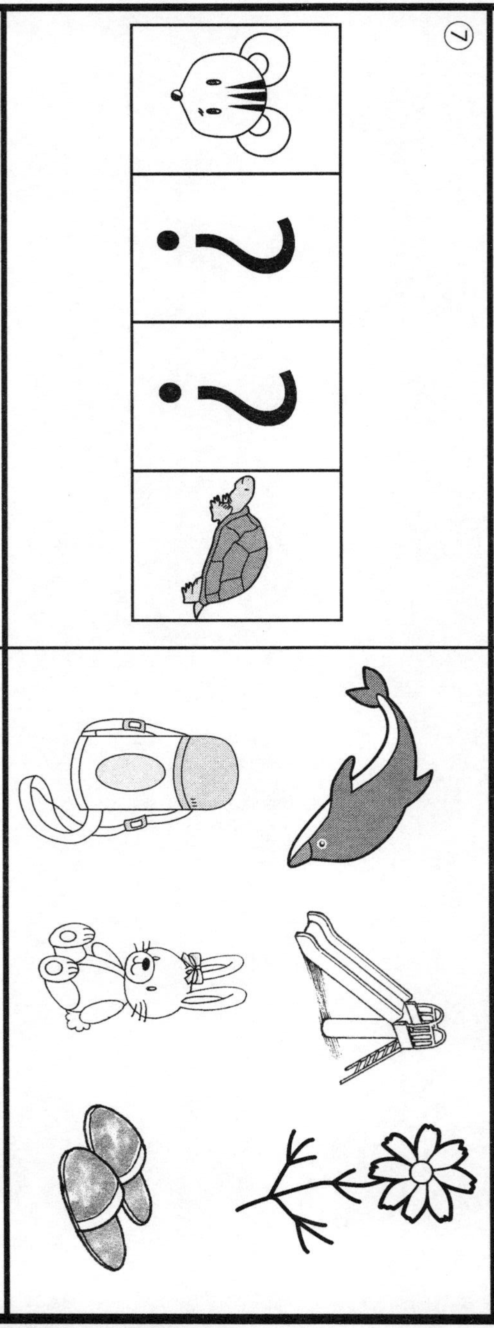

⑧

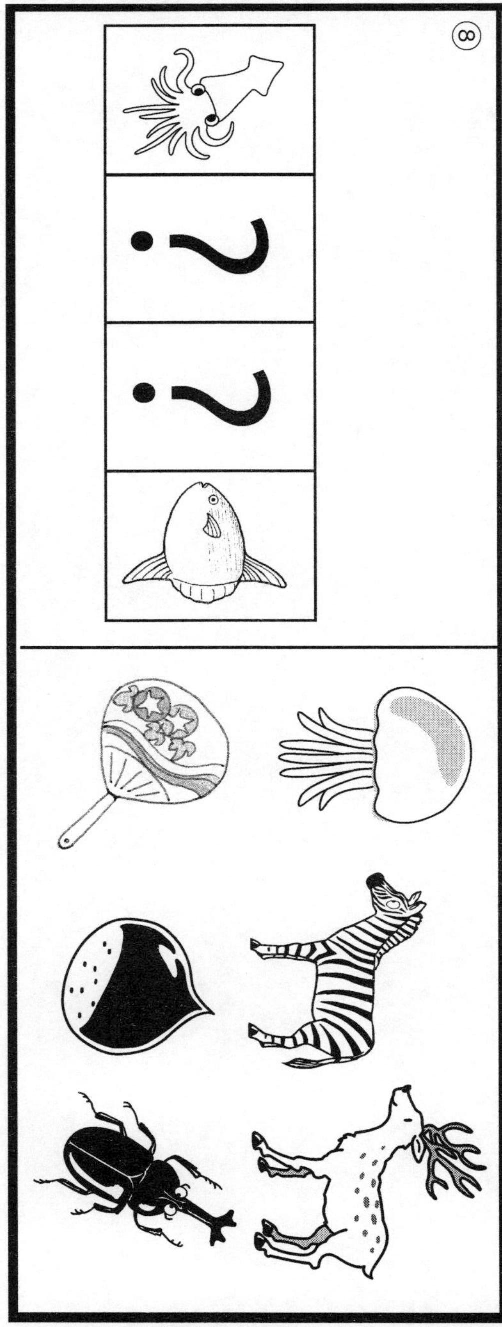

問題6

①

②

③

④
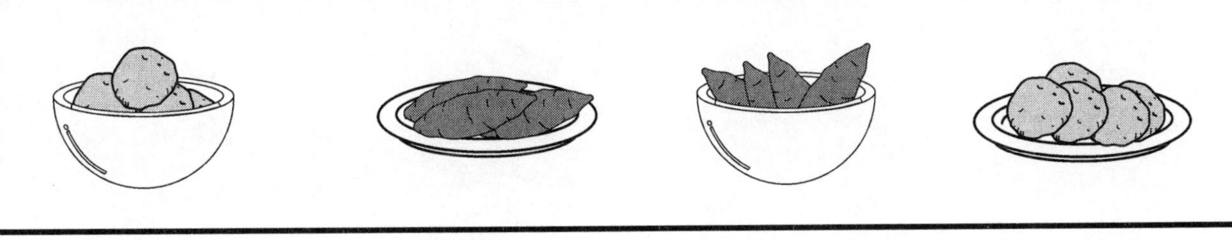

⑤

⑥

⑦

⑧
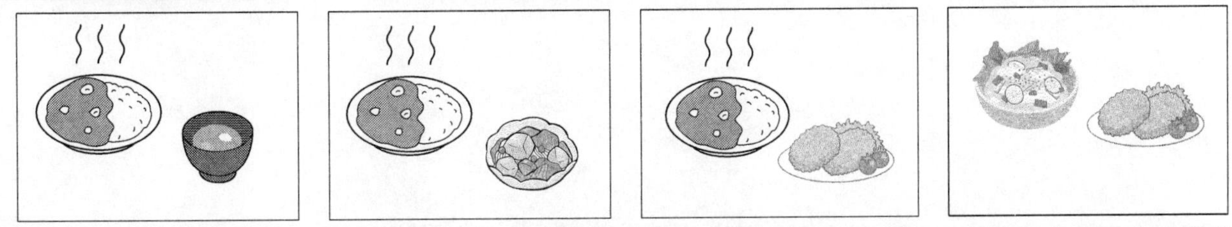

☆安田学園安田小学校

日本学習図書株式会社

③

④

☆安田学園安田小学校

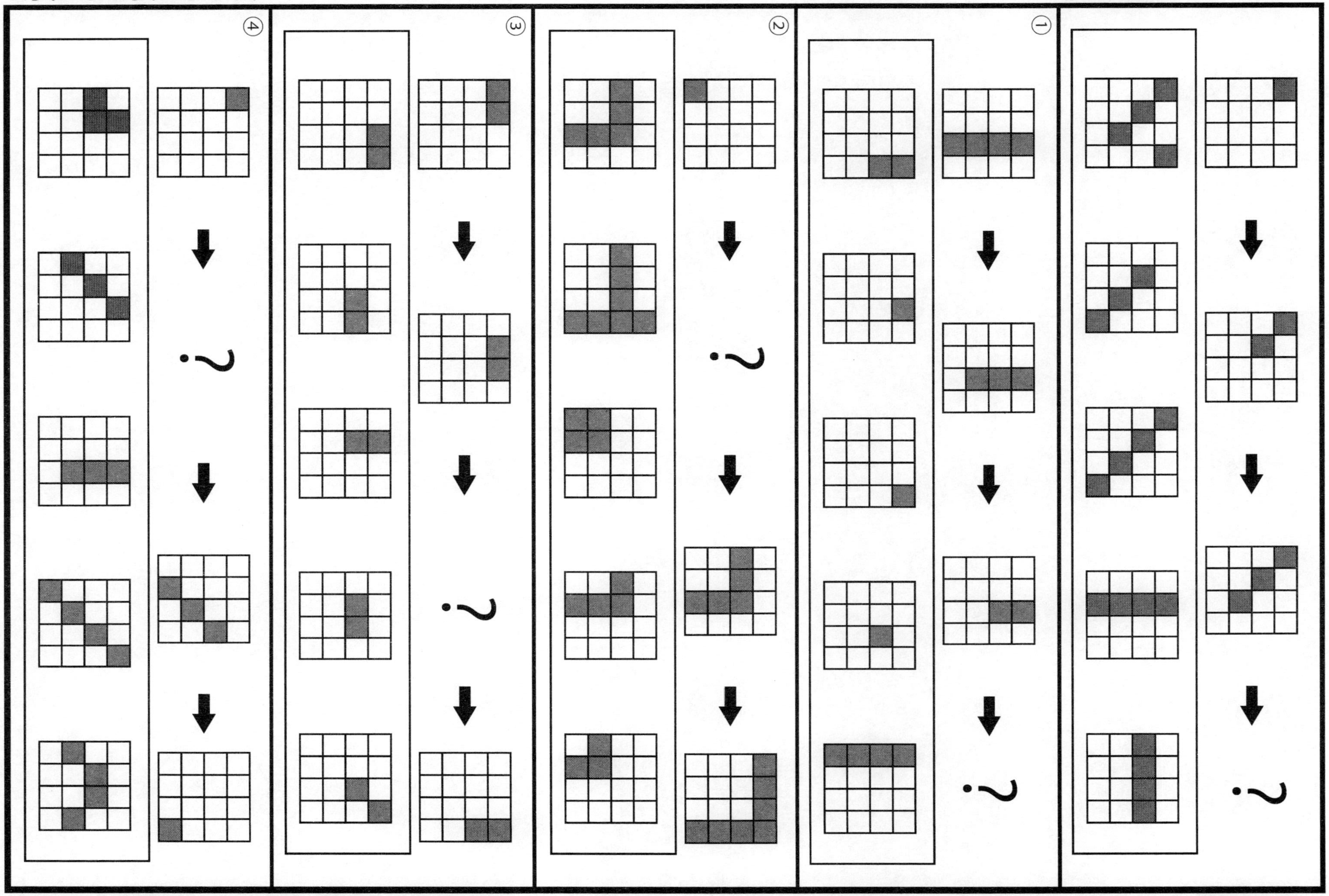

⑤

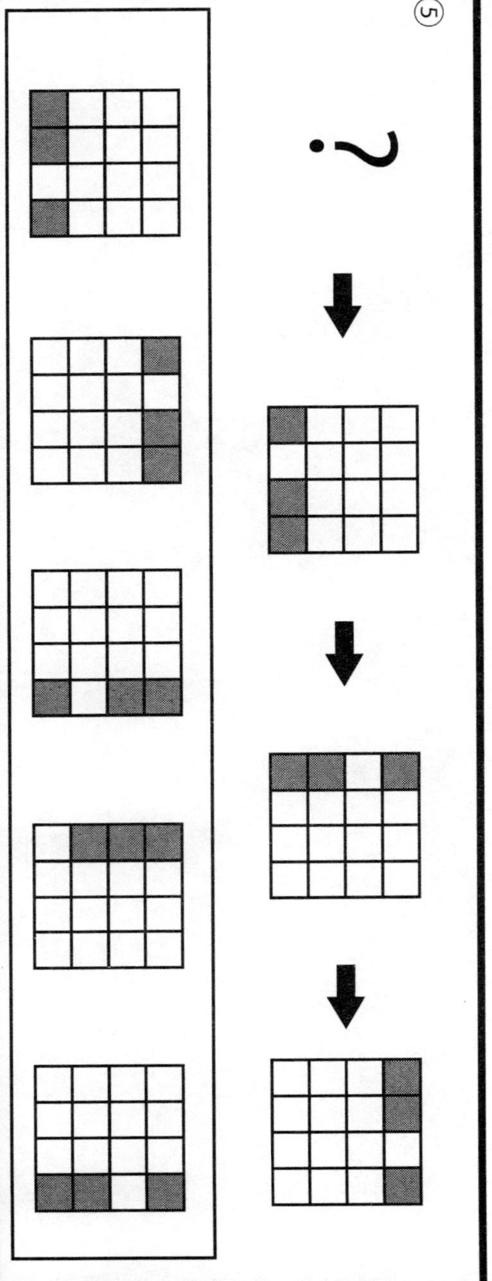

⑥

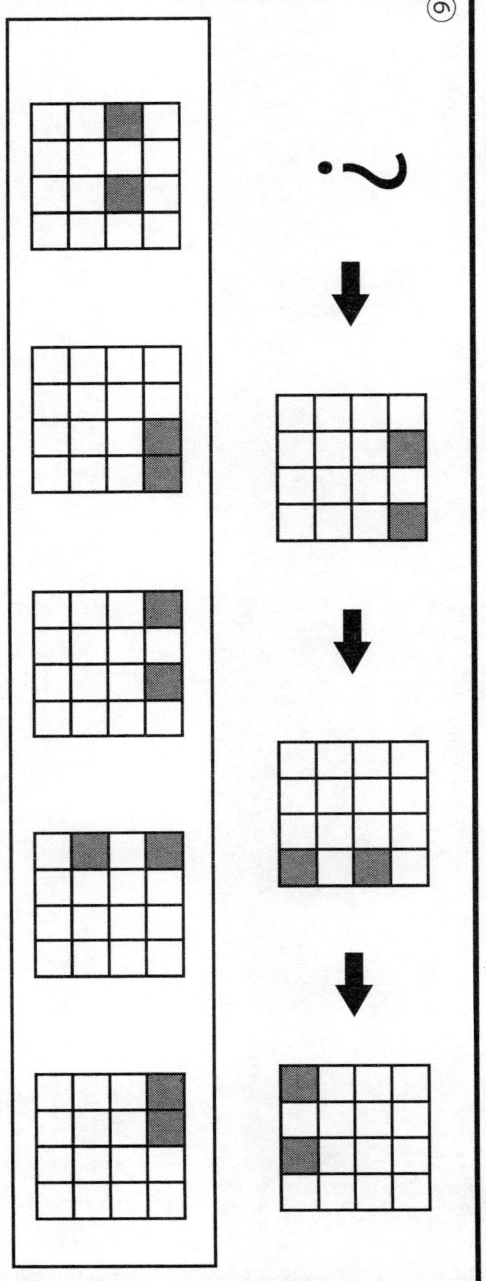

⑦

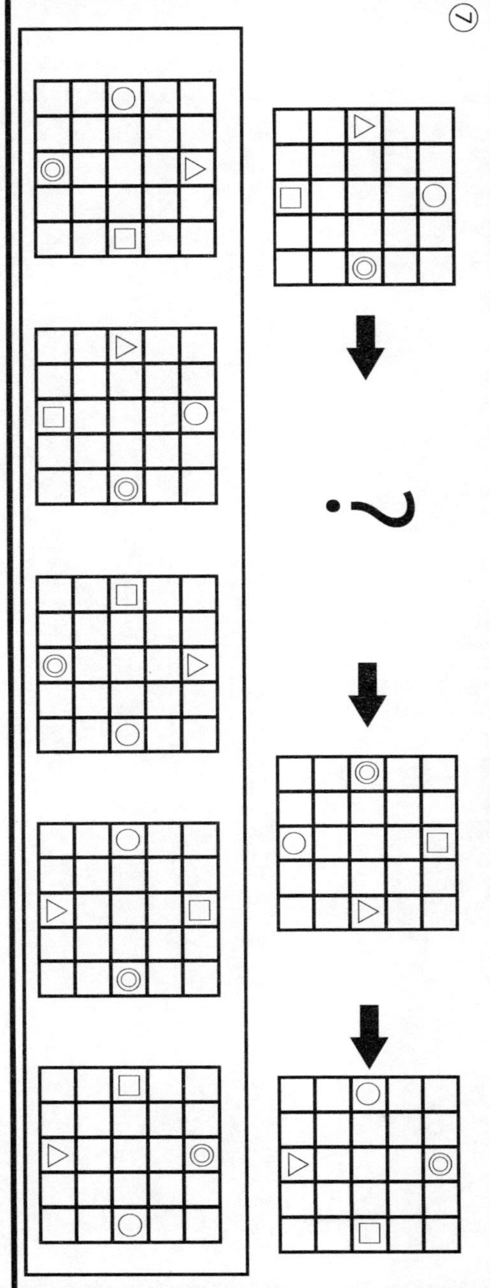

⑧

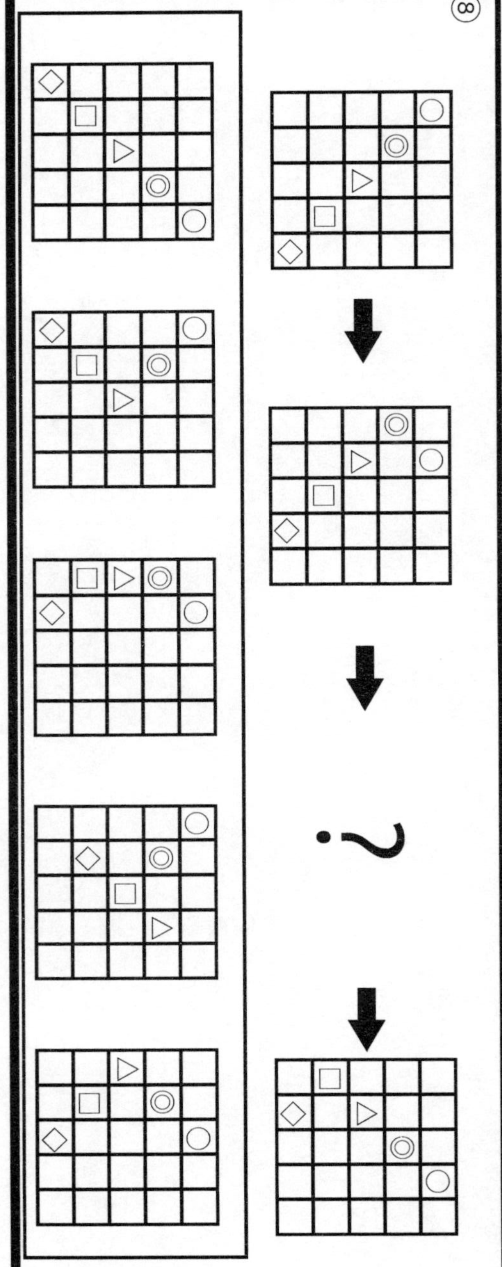

問題8－1

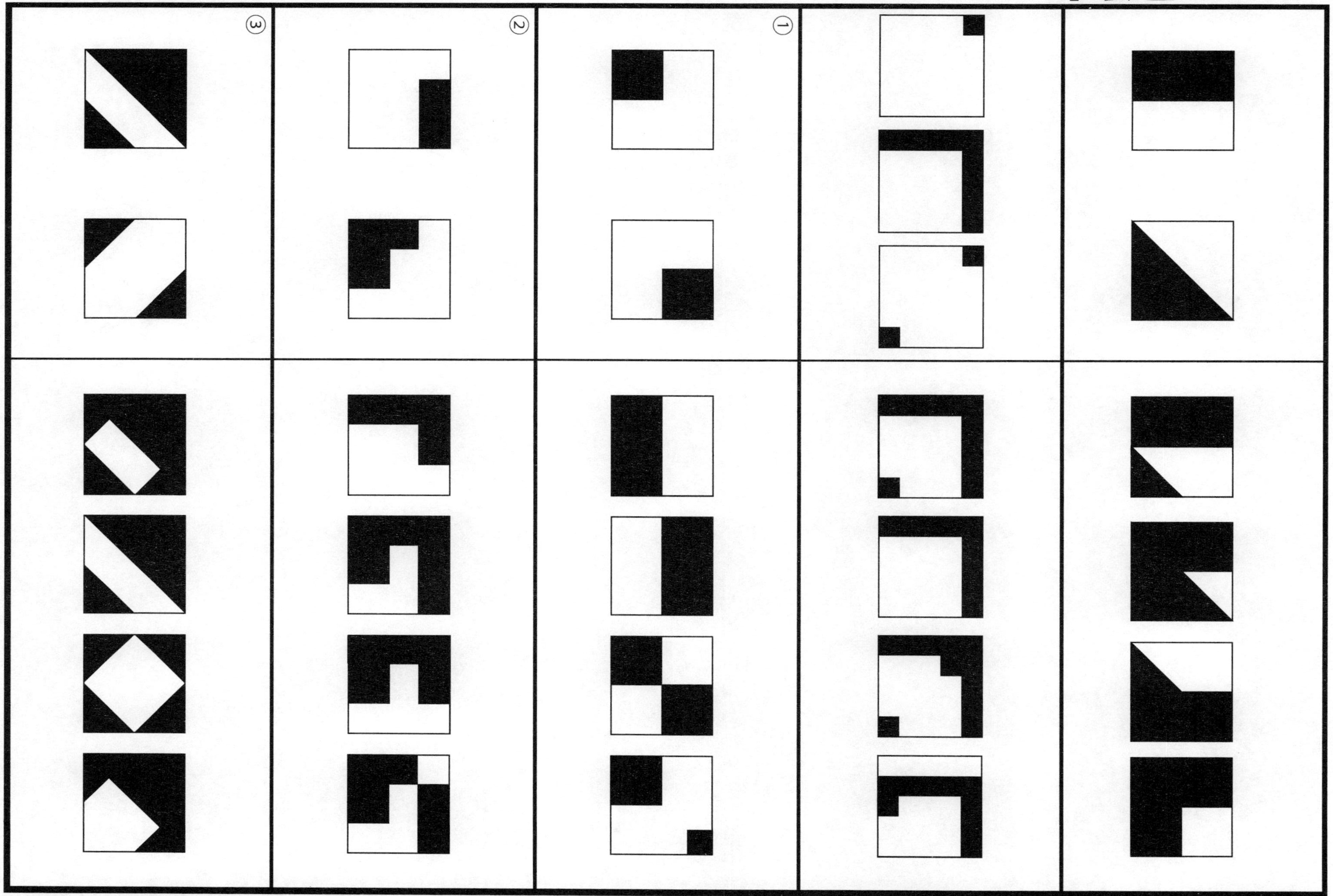

問題8－2

④

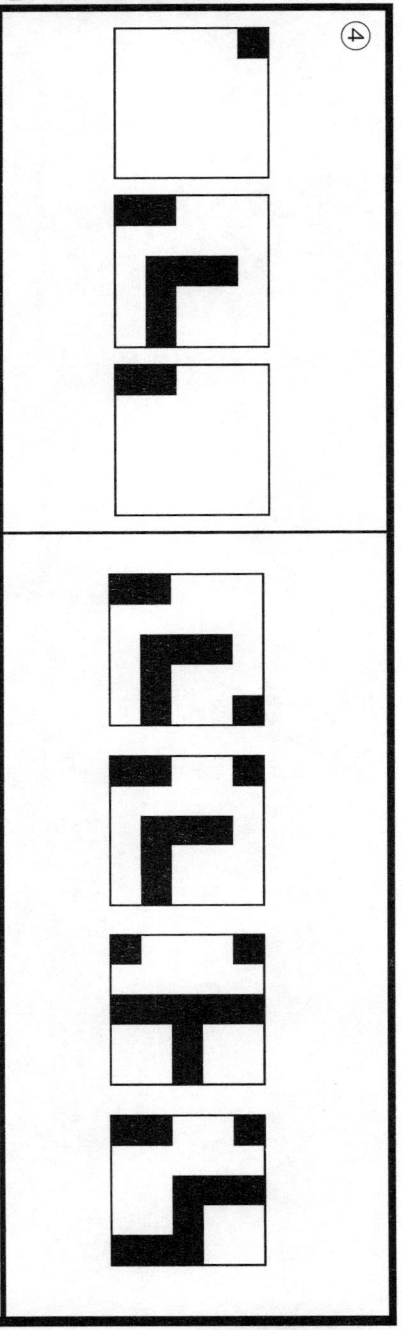

⑤

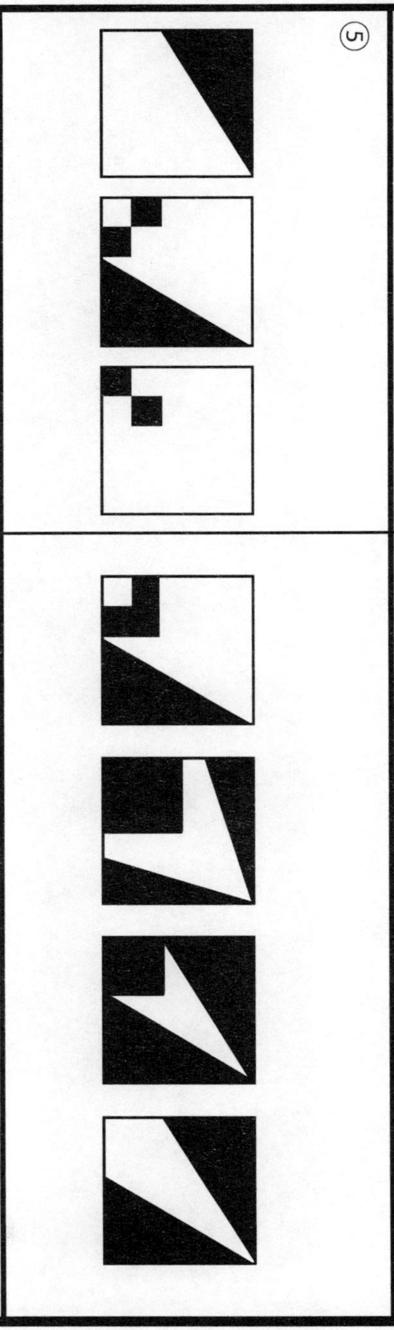

⑥

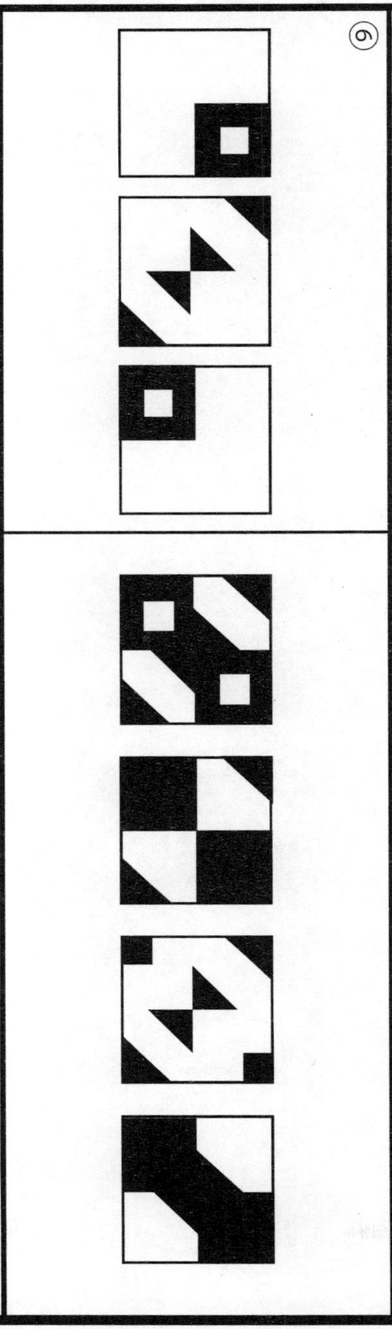

⑦

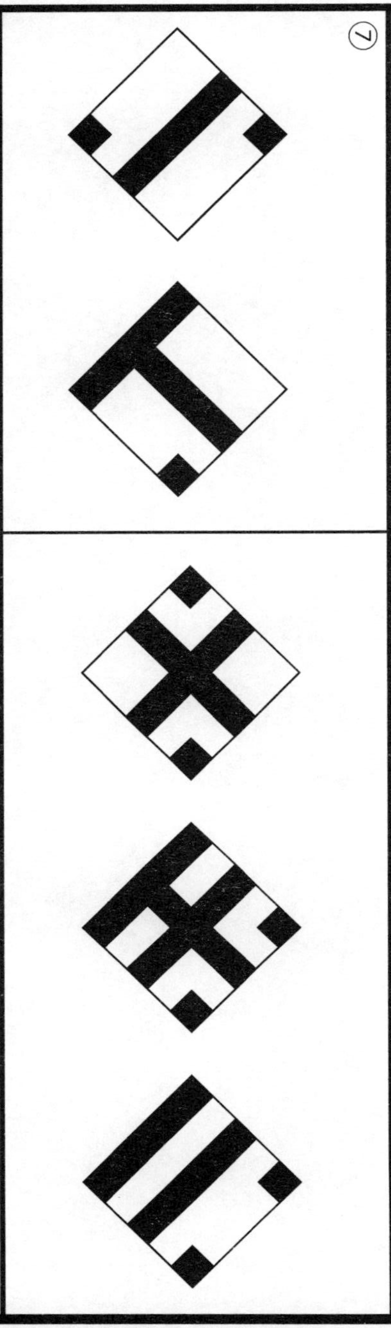

⑧

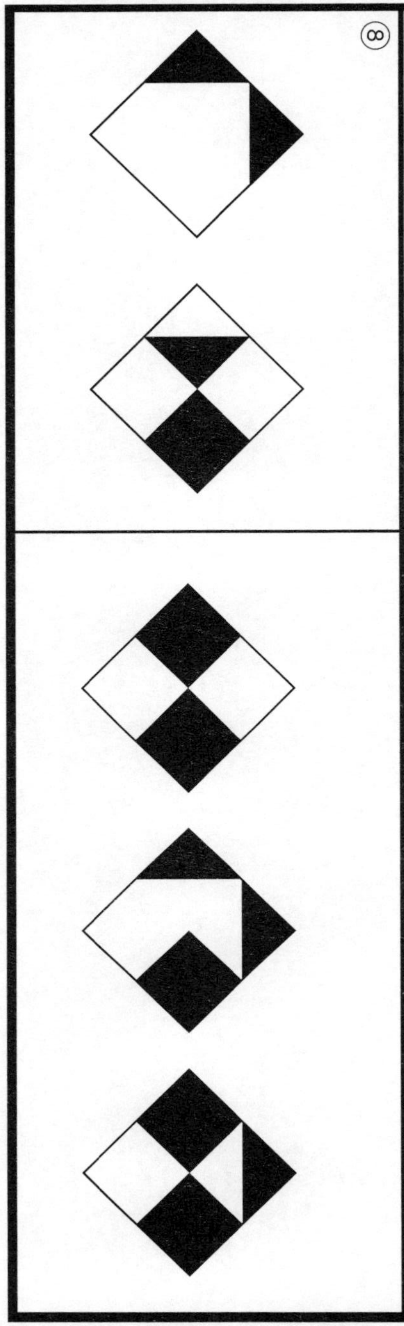

【カード例】

志願者 先生

2021年度　広島県版　私立小学校　過去　無断複製／転載を禁ずる　　日本学習図書株式会社

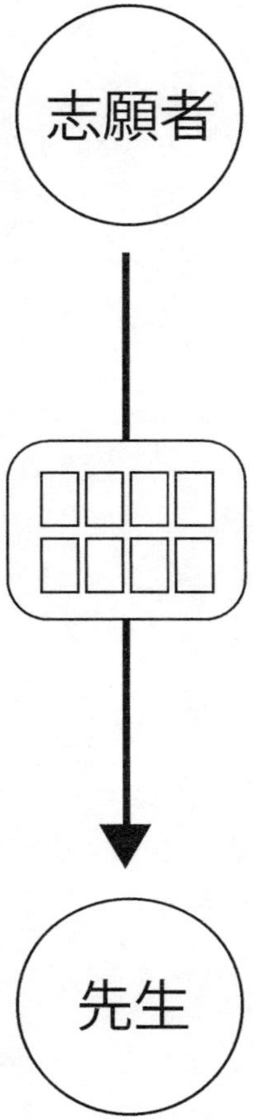

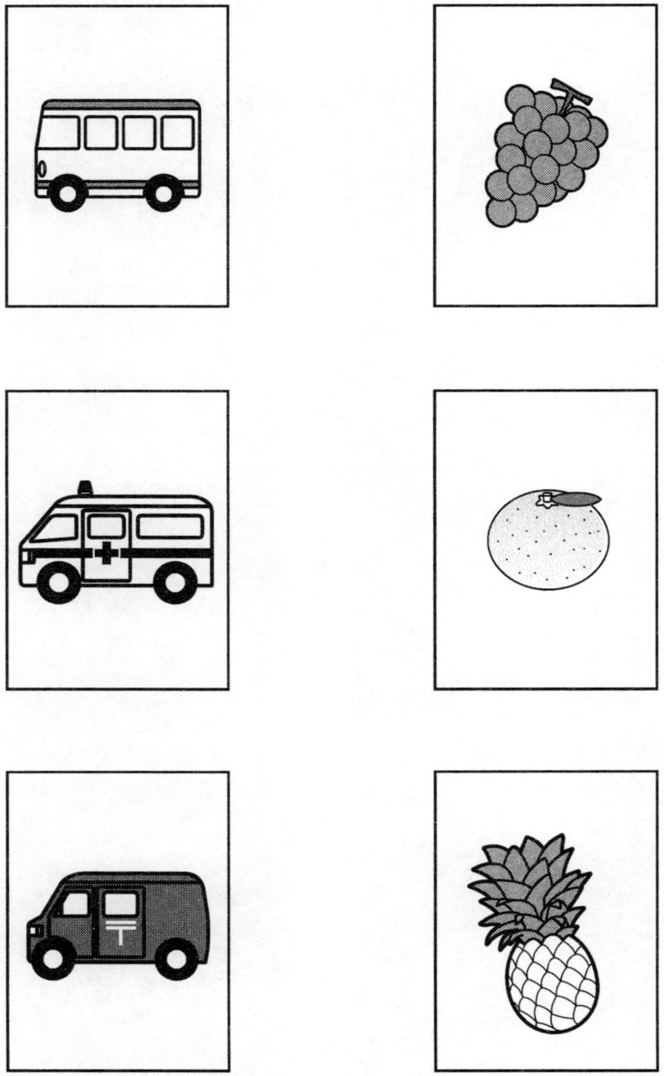

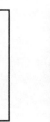

☆安田学園安田小学校

日本学習図書株式会社

2021年度　広島県版　私立小学校　過去　無断複製／転載を禁ずる

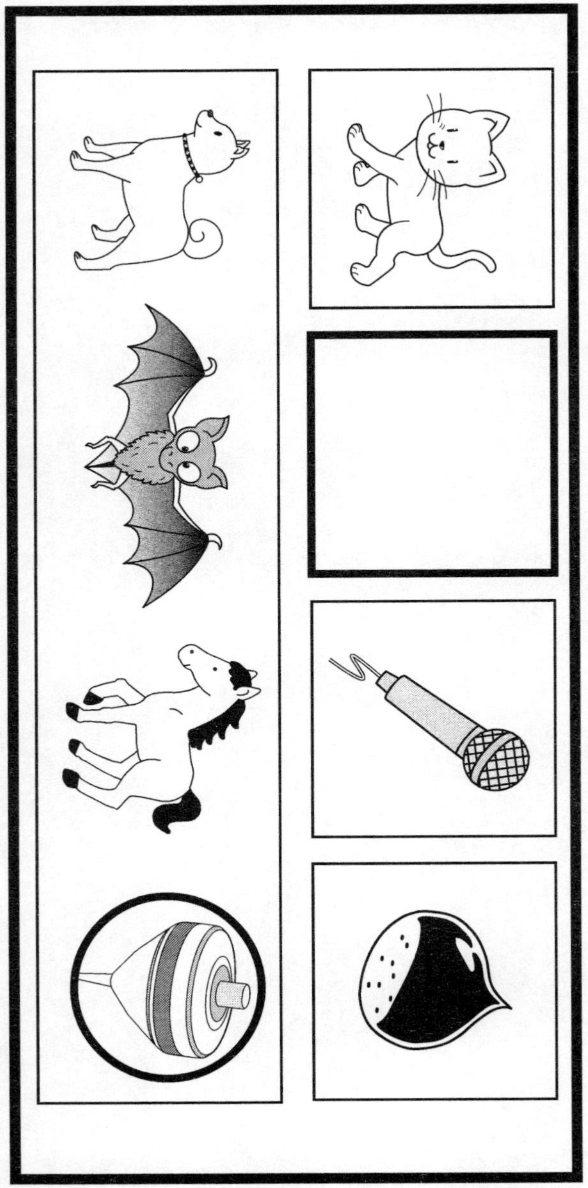

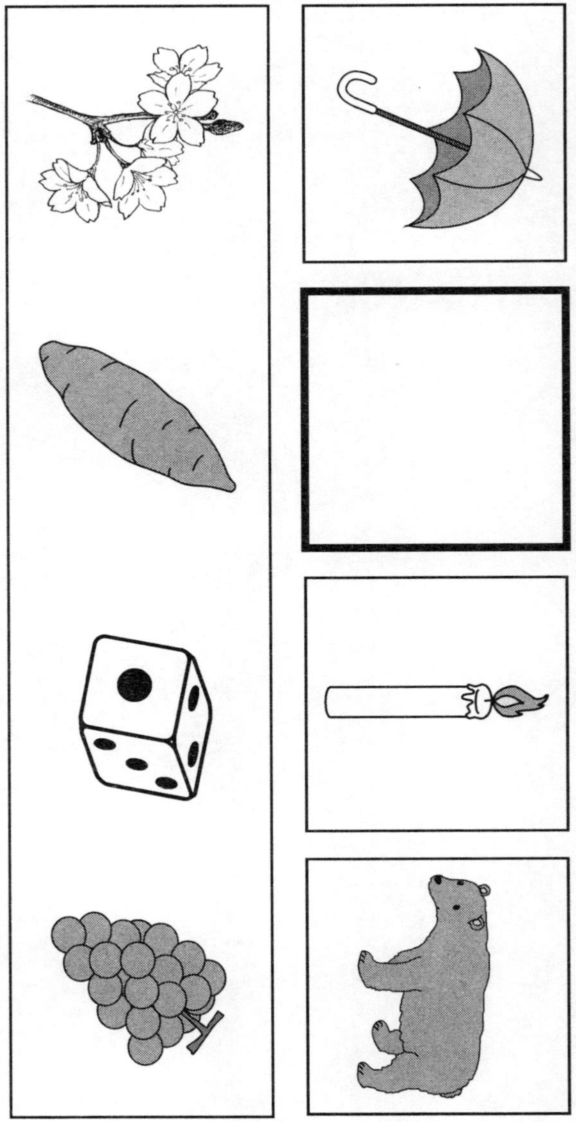

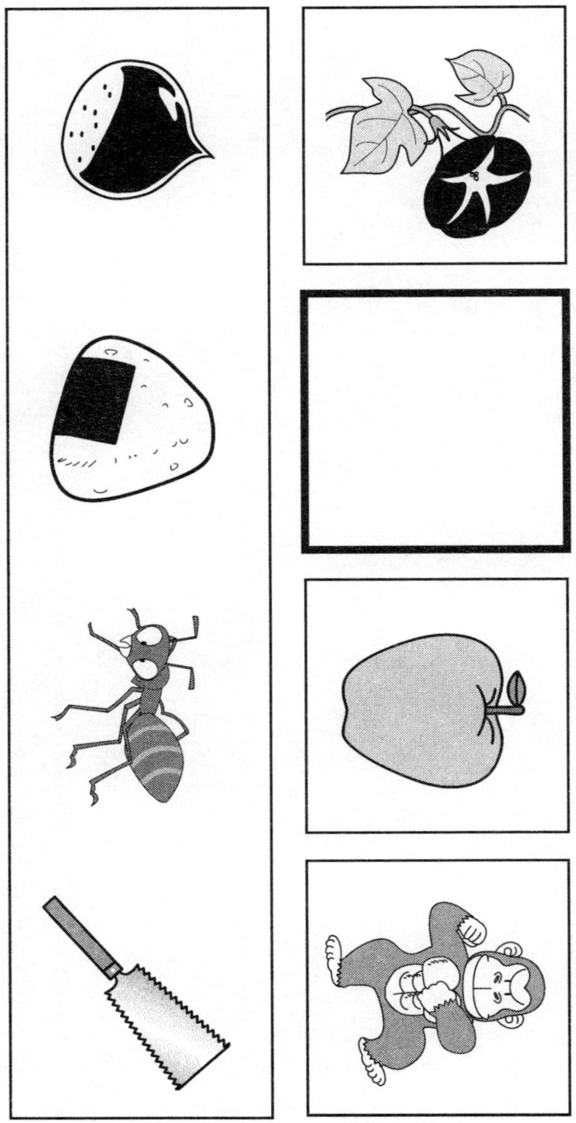

☆安田学園安田小学校

日本学習図書株式会社

2021年度　広島県版　私立小学校　過去　無断複製／転載を禁ずる

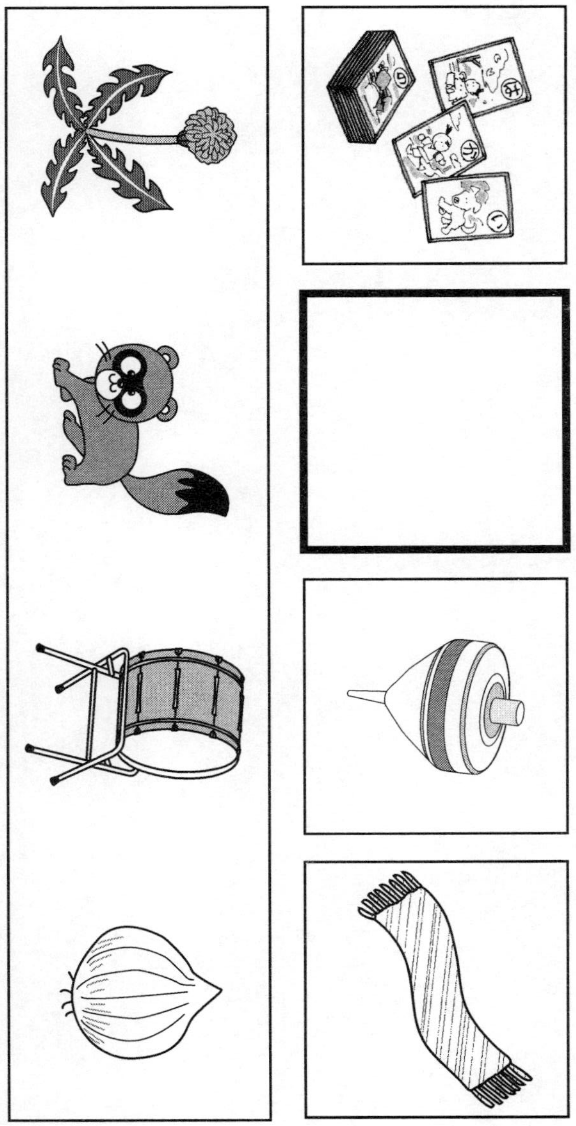

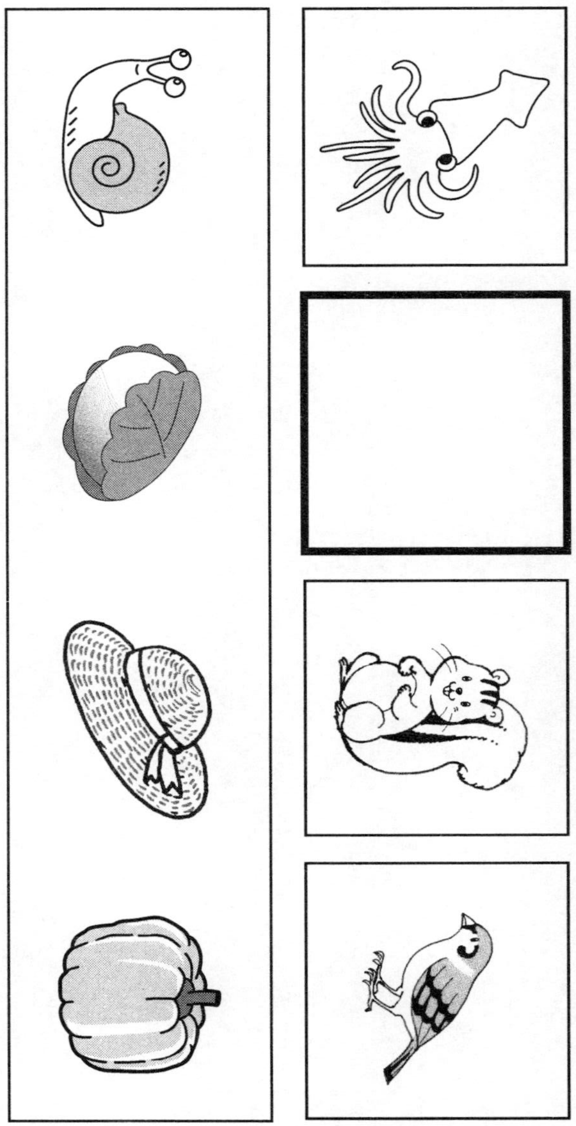

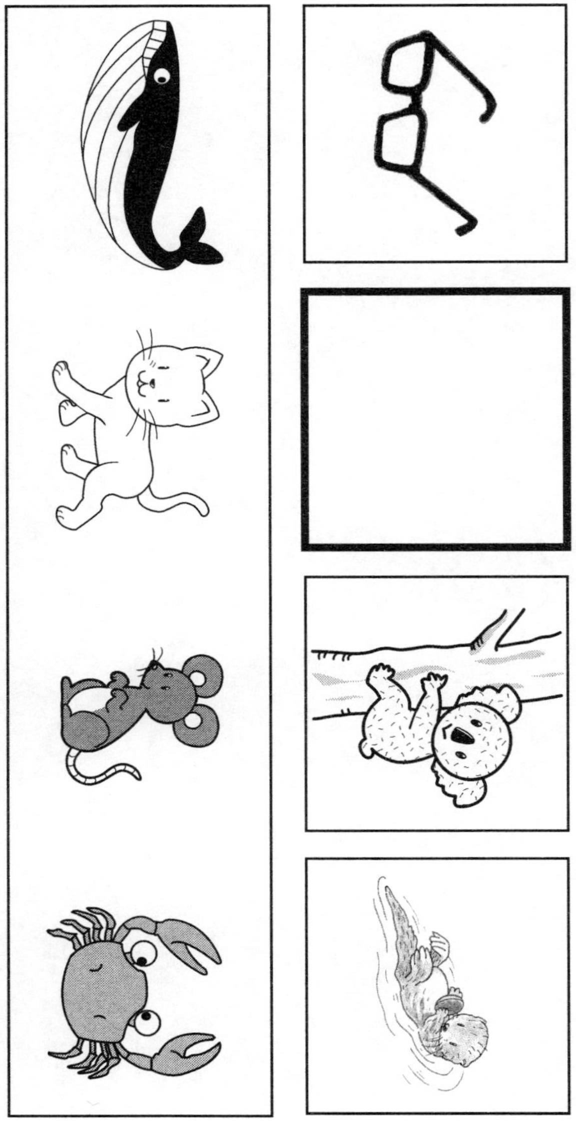

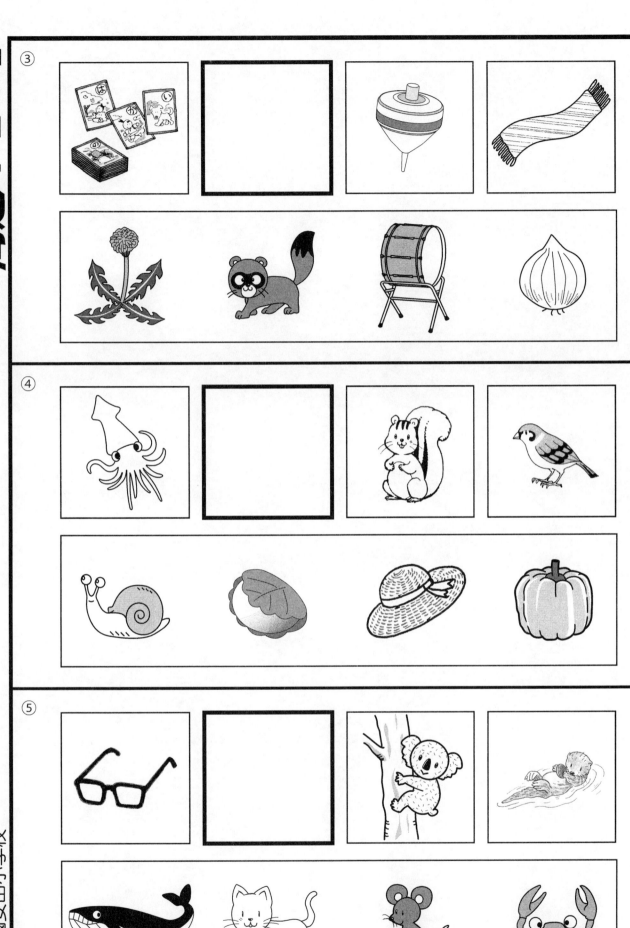

日本学習図書株式会社

2021年度　広島県版　私立小学校　過去　無断複製／転載を禁ずる

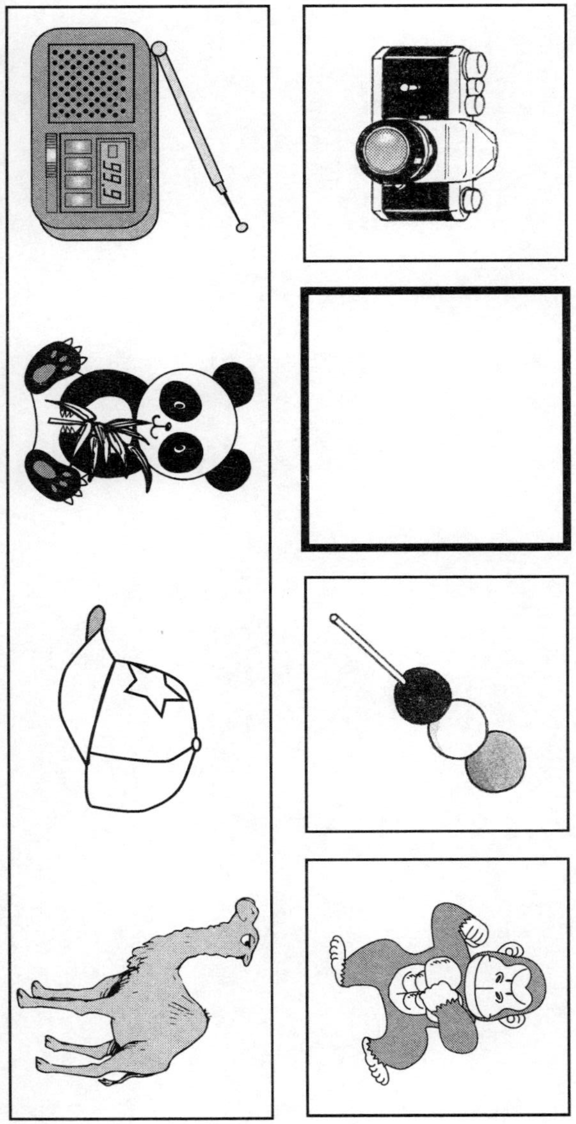

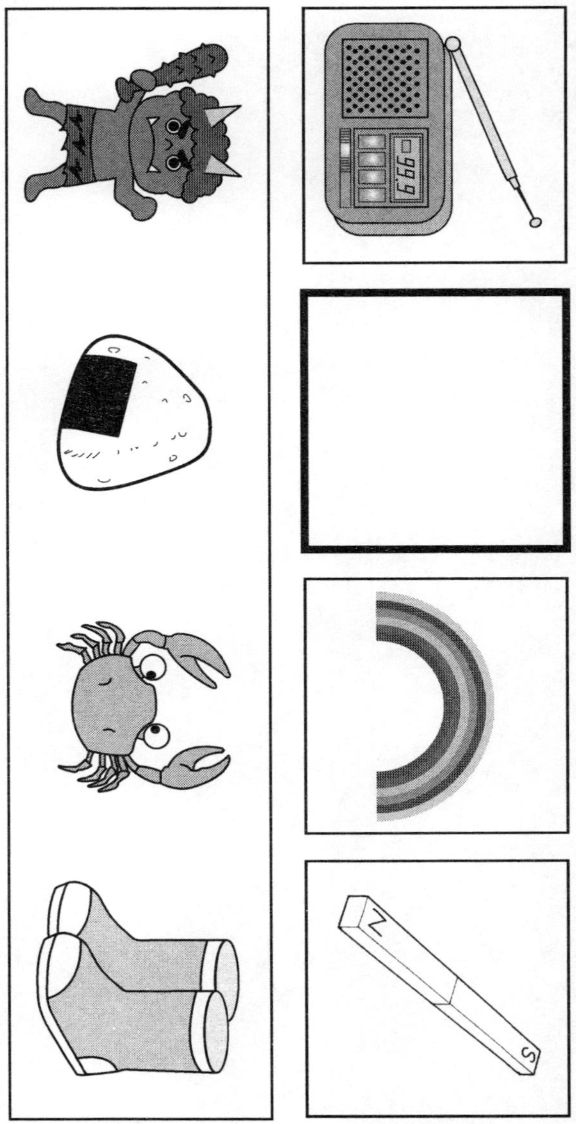

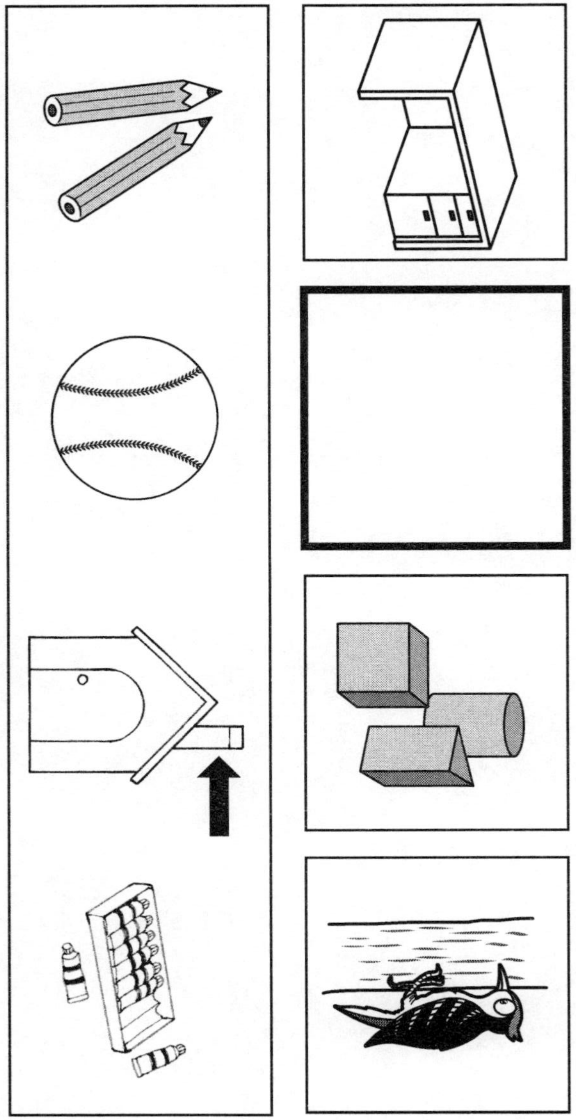

⑨

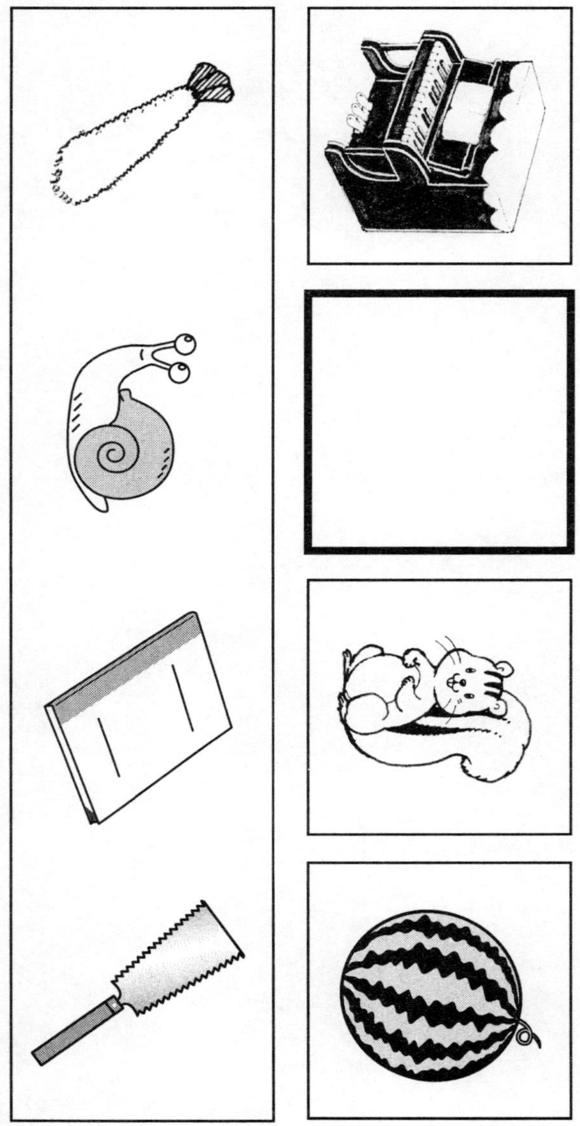

⑩

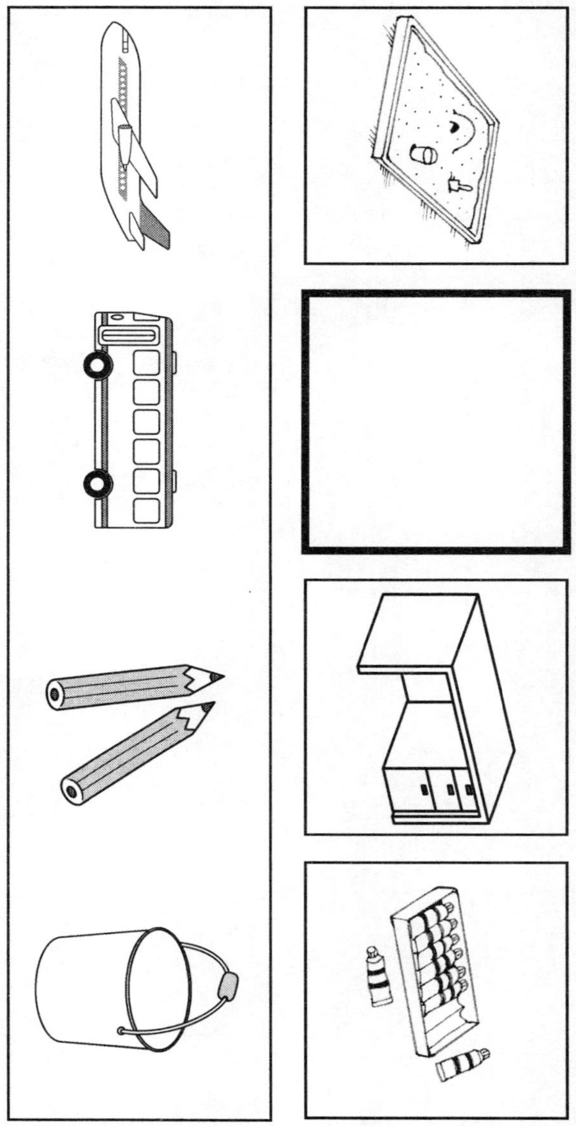

問題13−1

①

②

③

④

⑤

☆安田学園安田小学校

日本学習図書株式会社

☆安田学園安田小学校

問題１３－２

⑥

⑦

⑧

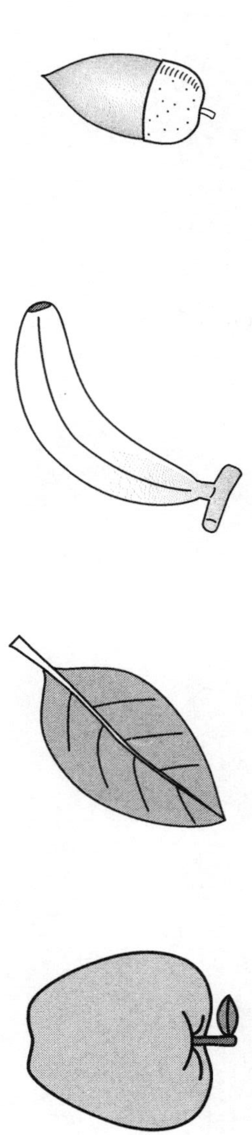

⑨

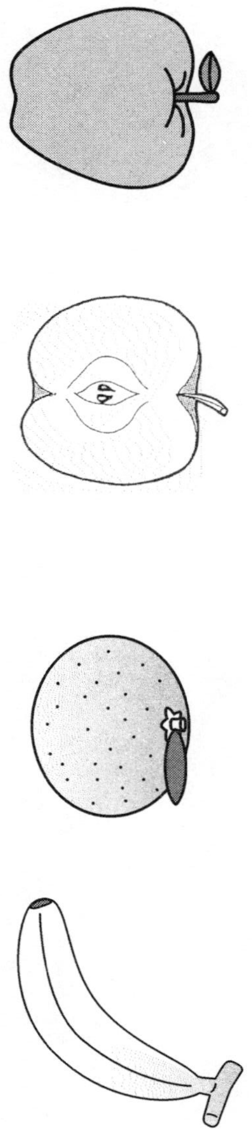

⑩

2021年度　広島県版　私立小学校　過去　無断複製／転載を禁ずる

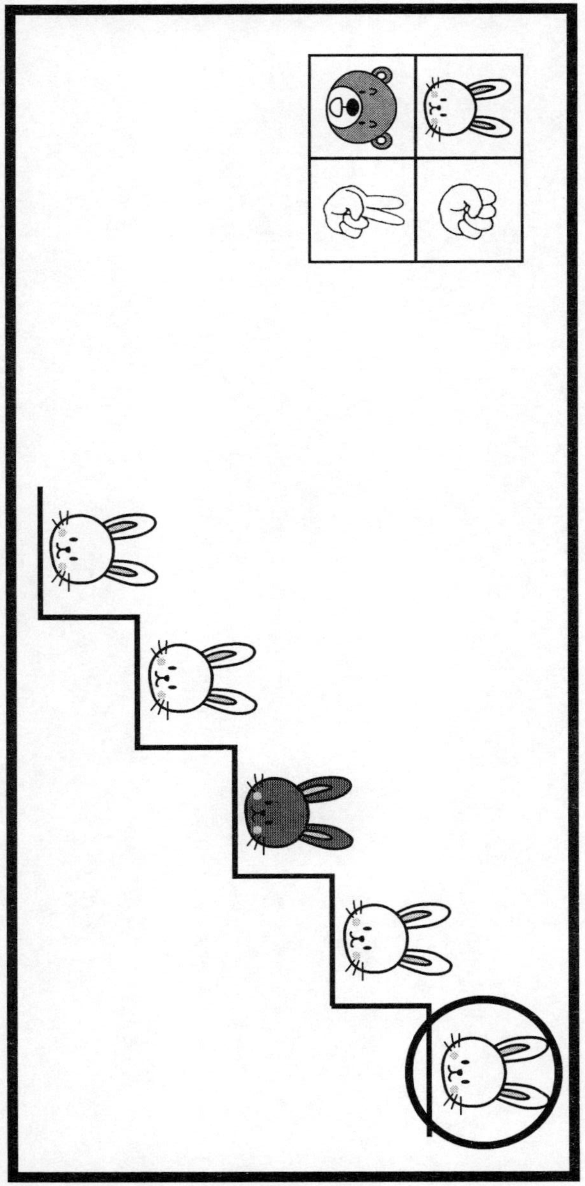

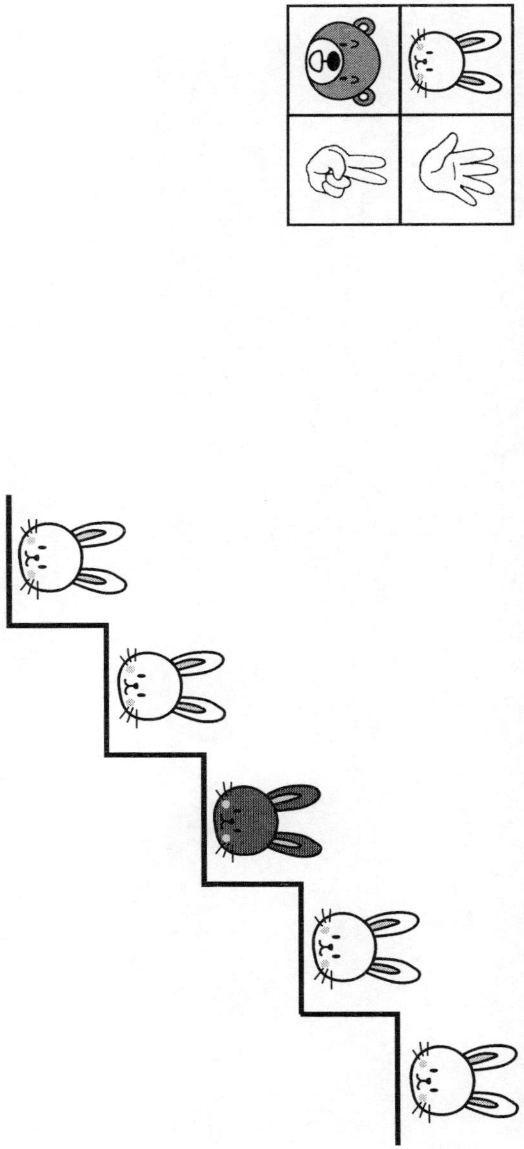

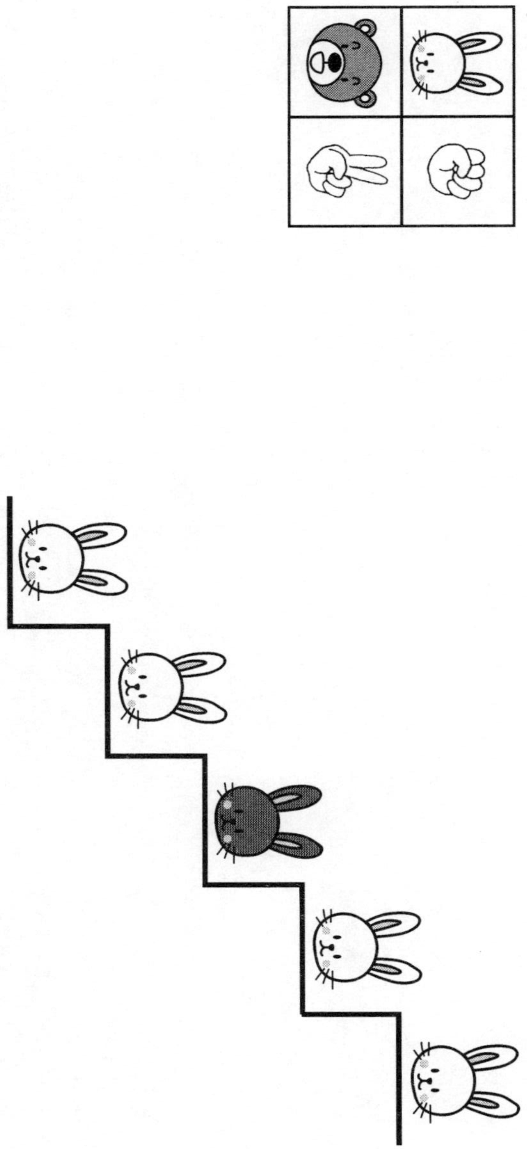

☆安田学園安田小学校

問題１４－２

③

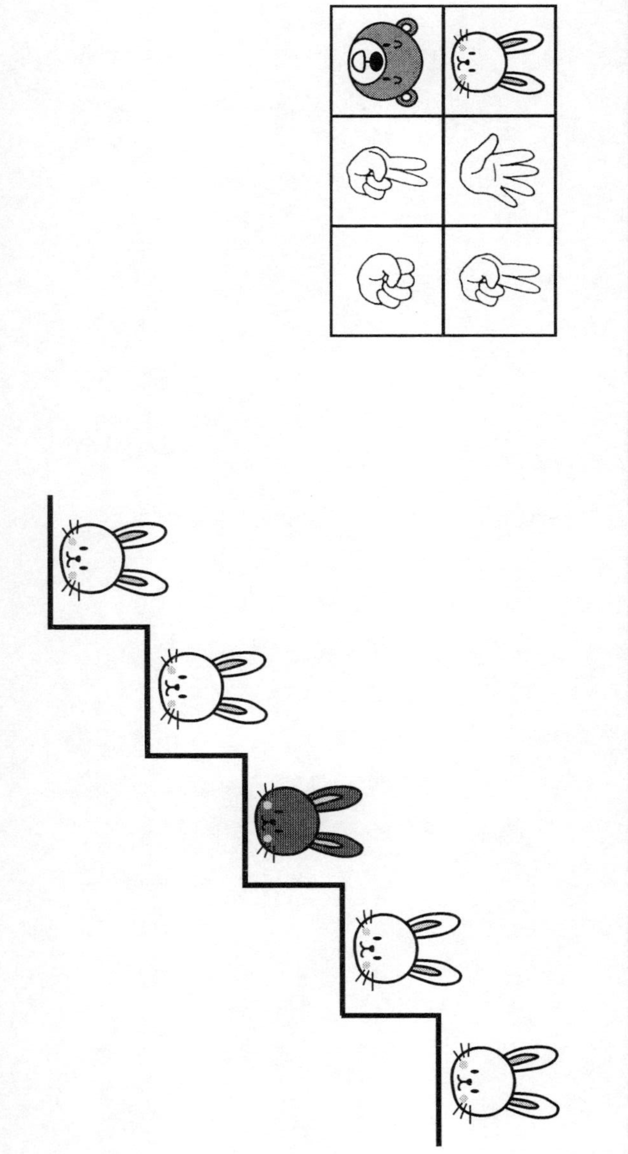

④

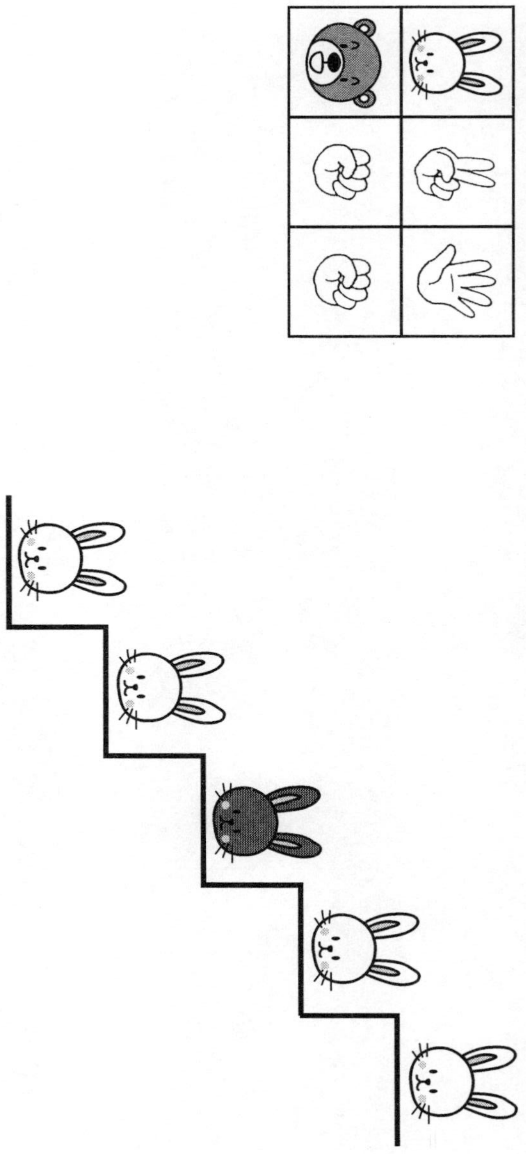

⑤

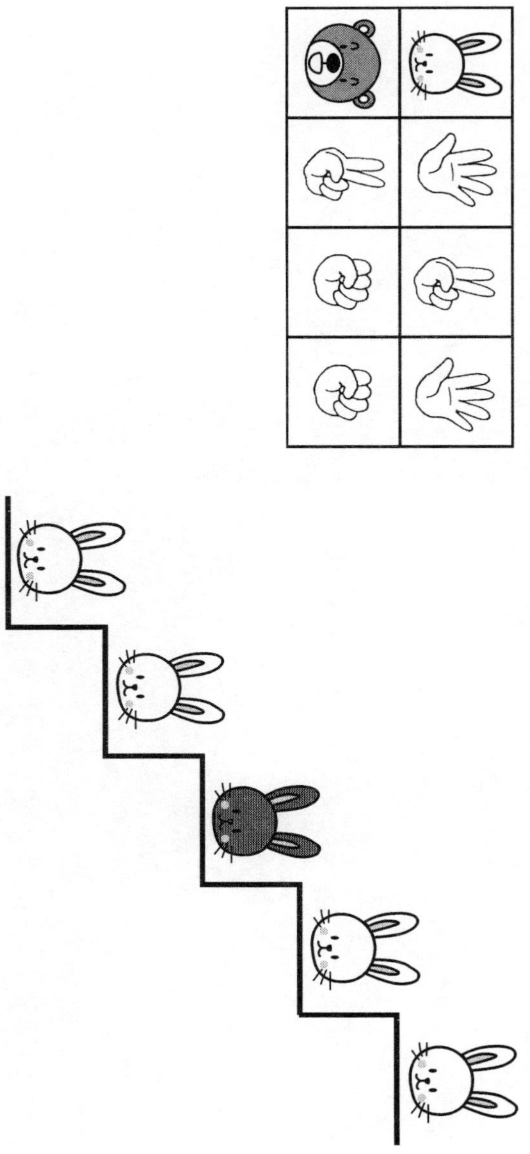

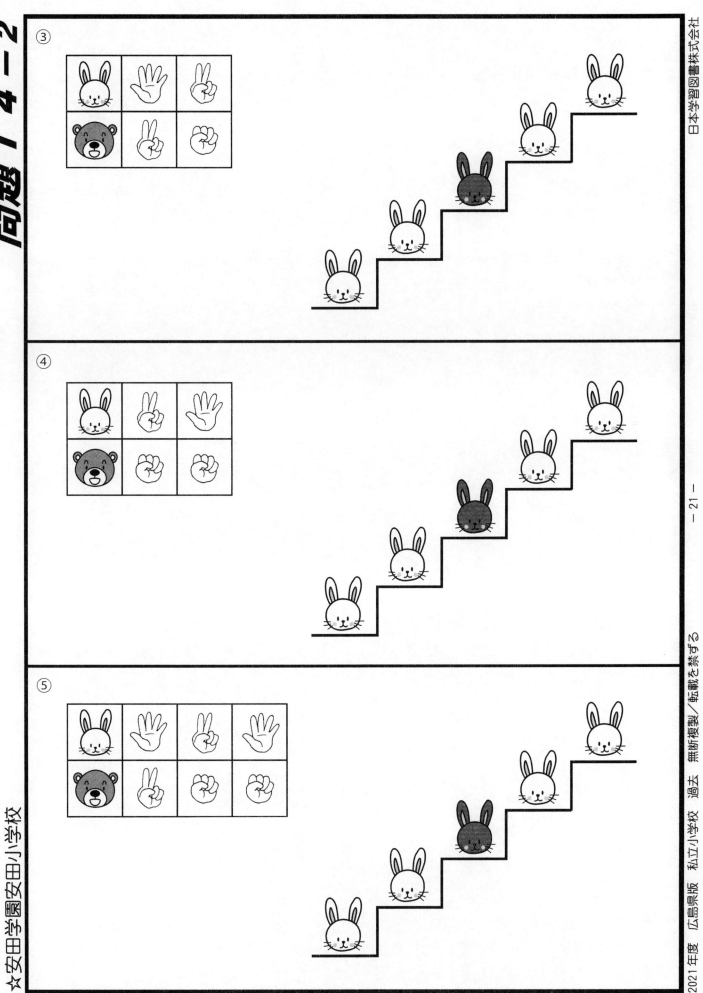

問題１４－３

⑥

⑦

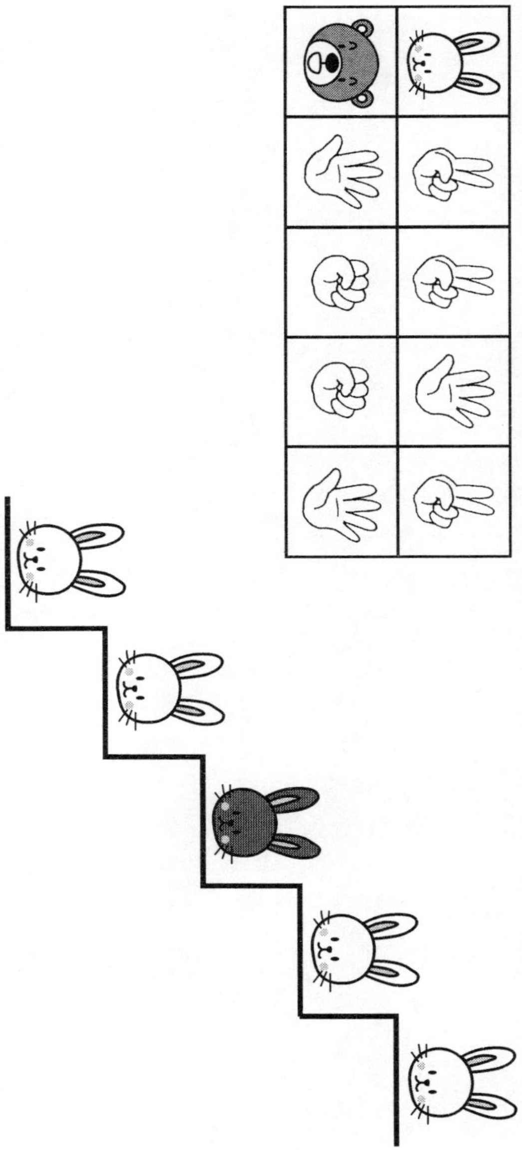

⑧

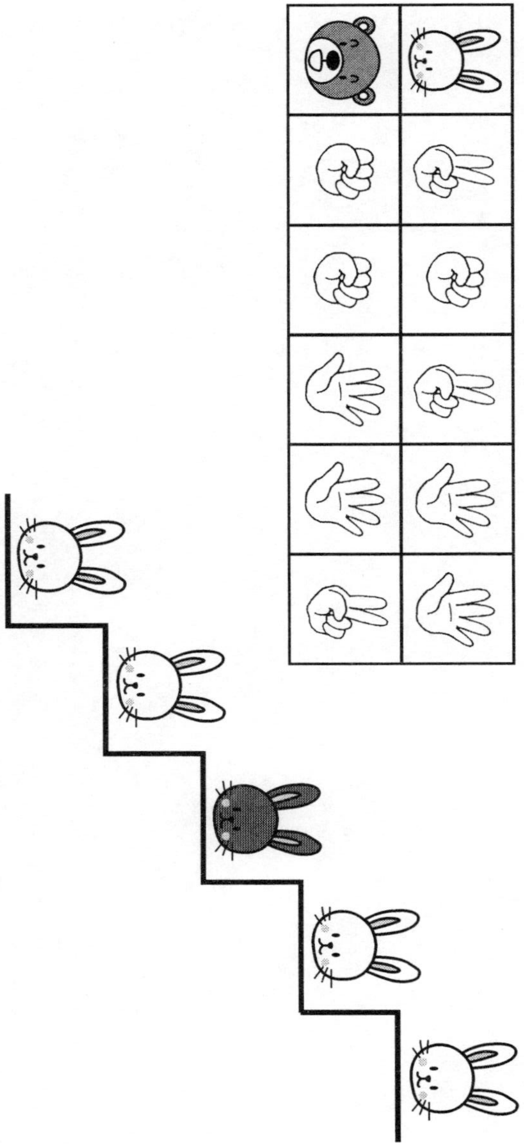

日本学習図書株式会社

問題15－1

☆安田学園安田小学校

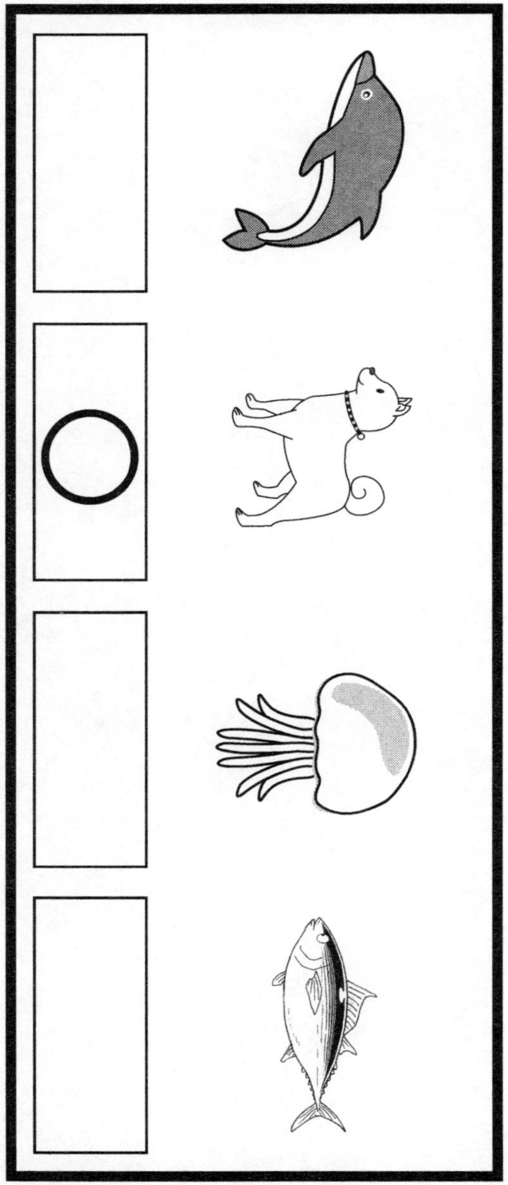

①

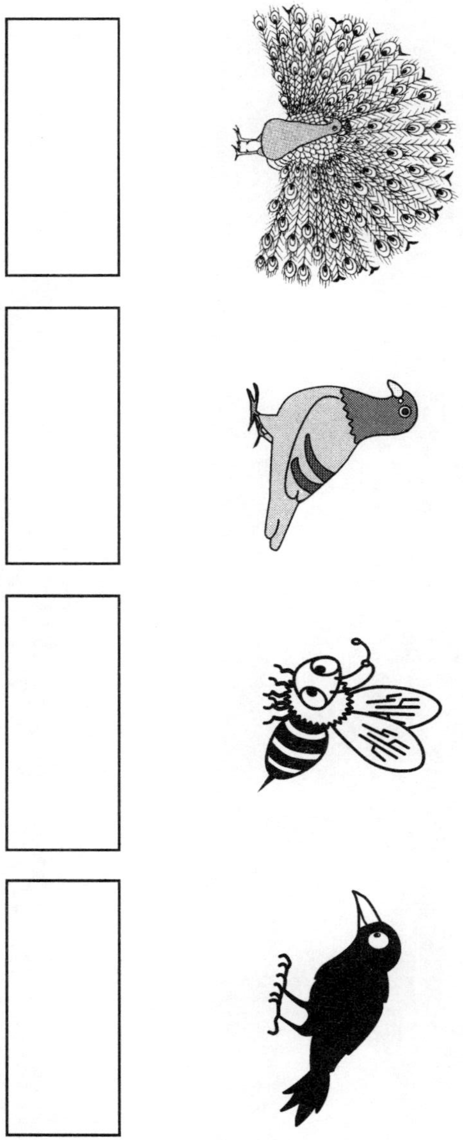

②

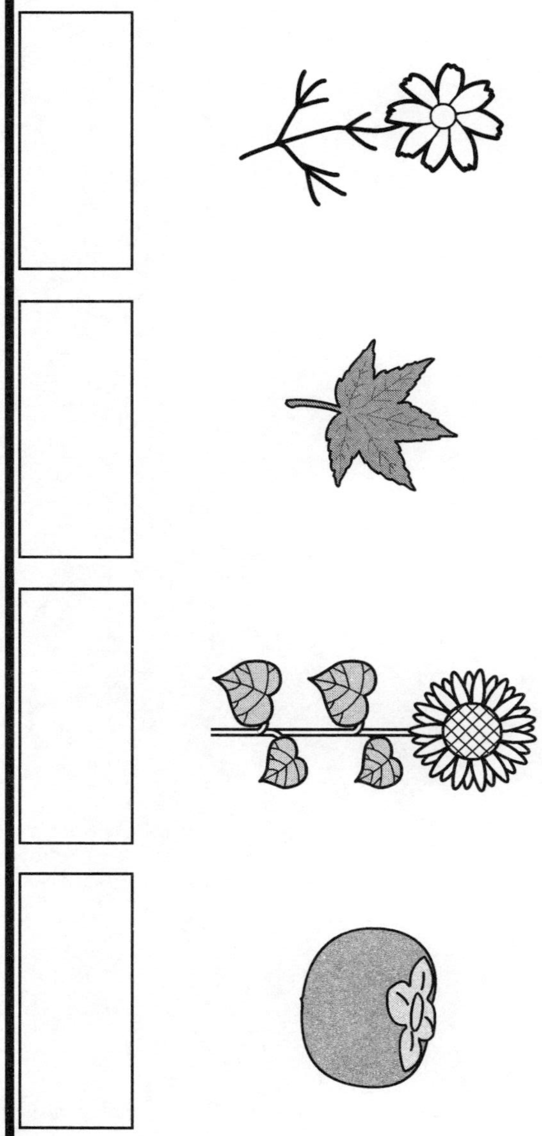

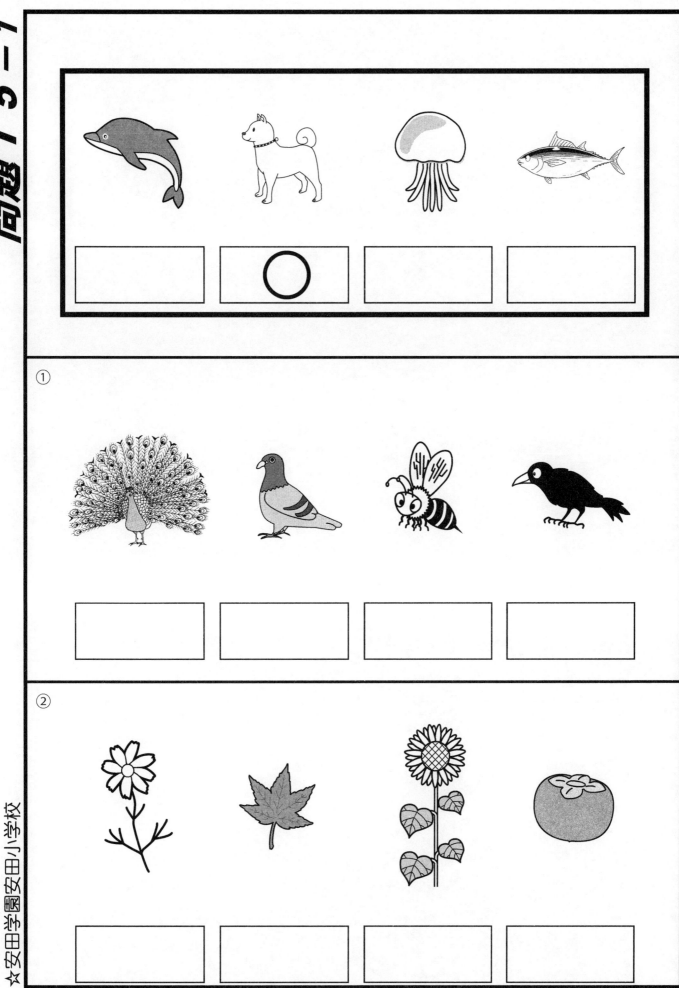

問題15-2

③

④

⑤

2021年度　広島県版　私立小学校　過去　無断複製／転載を禁ずる　日本学習図書株式会社

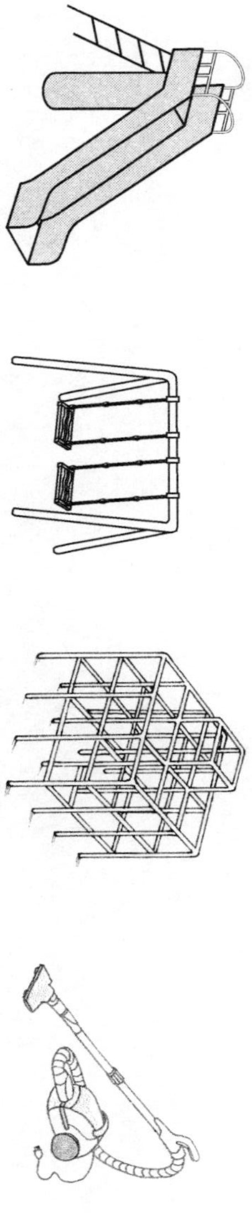

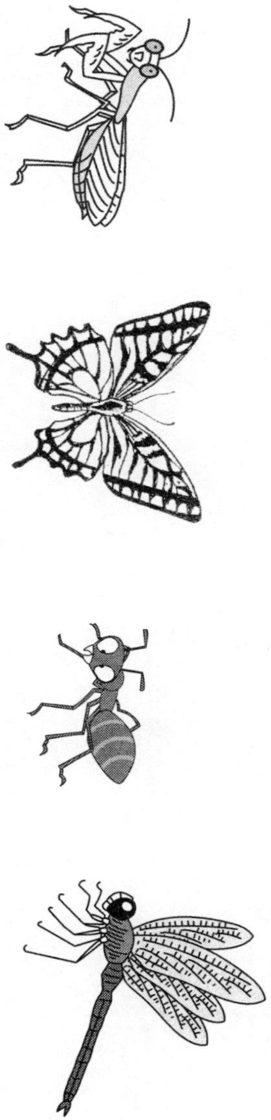

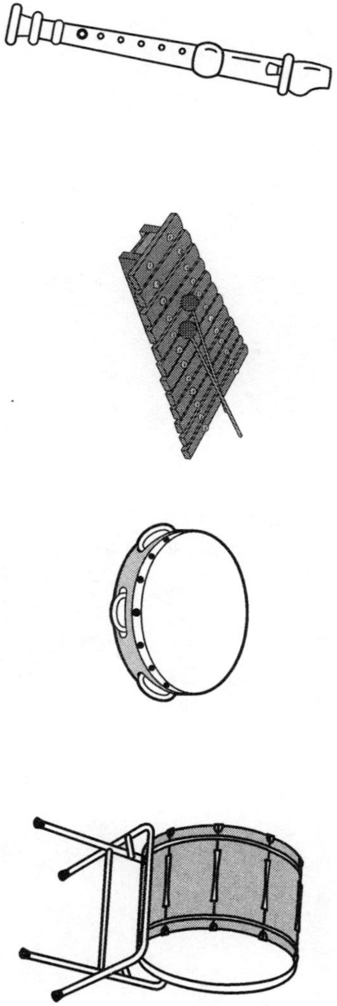

⑥

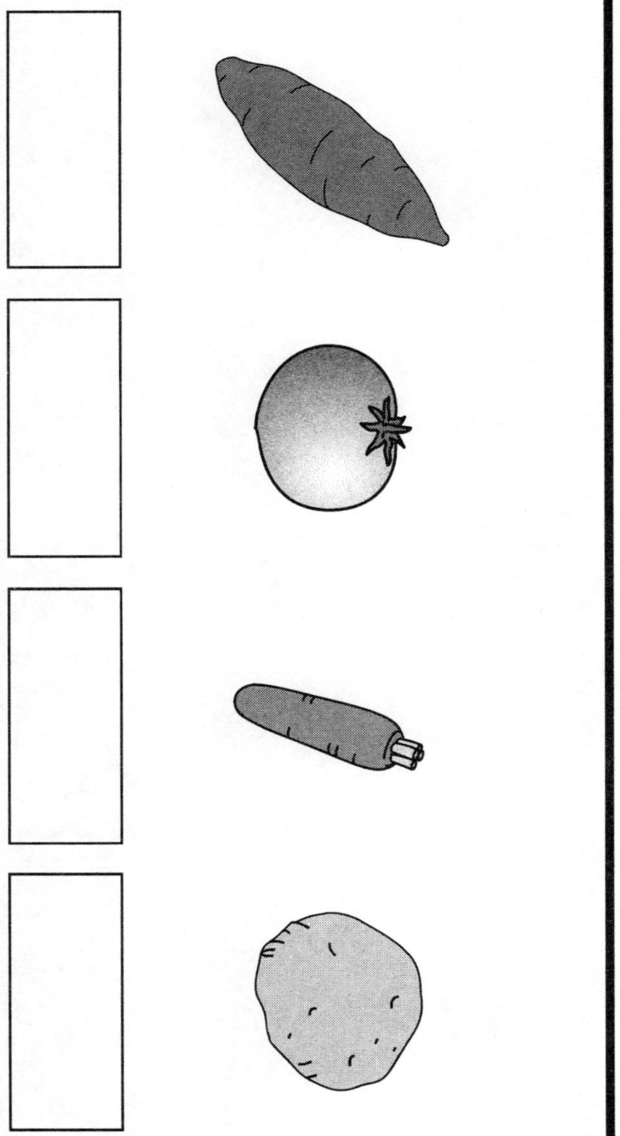

⑦

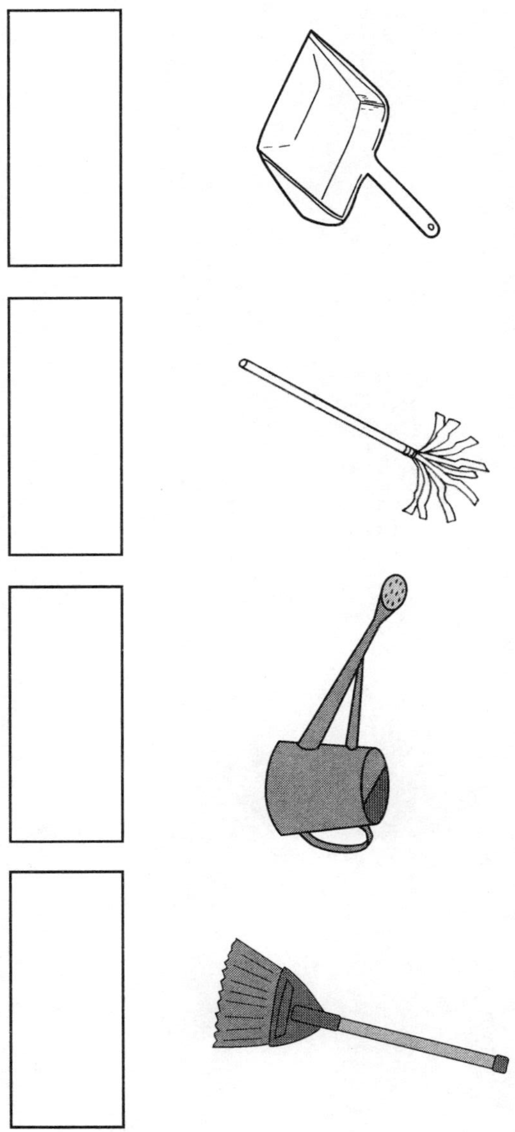

⑧

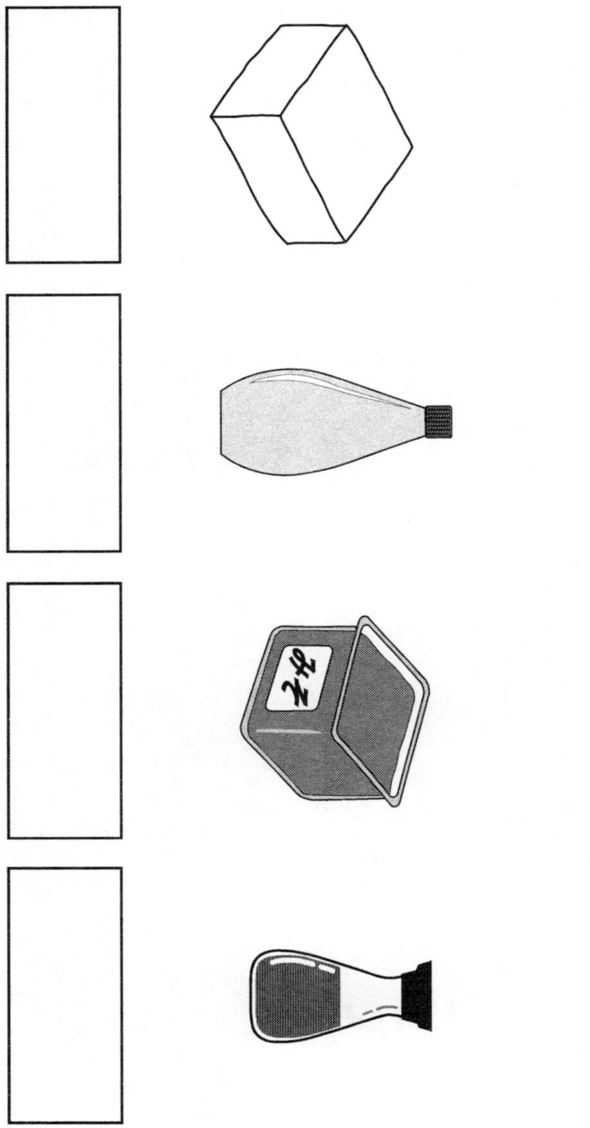

問題15－4

⑨

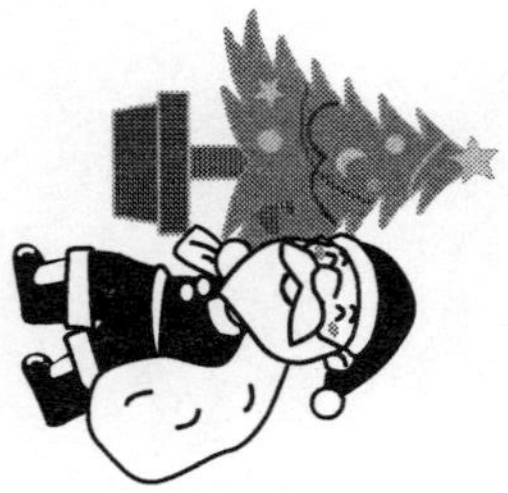

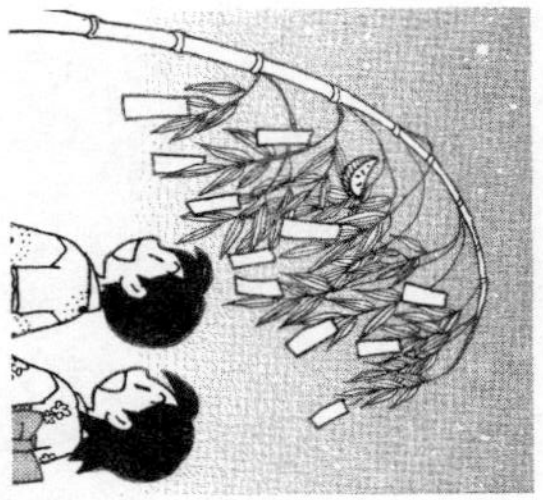

⑩

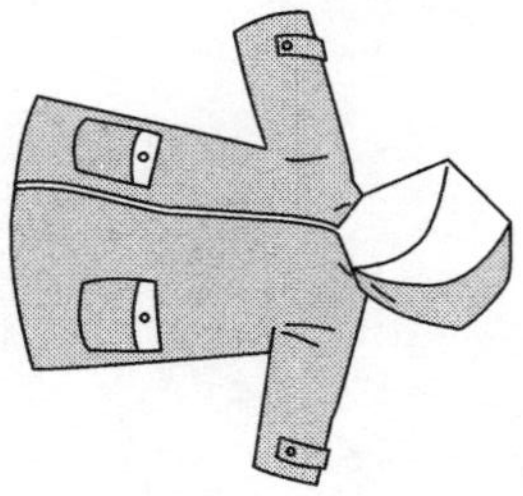

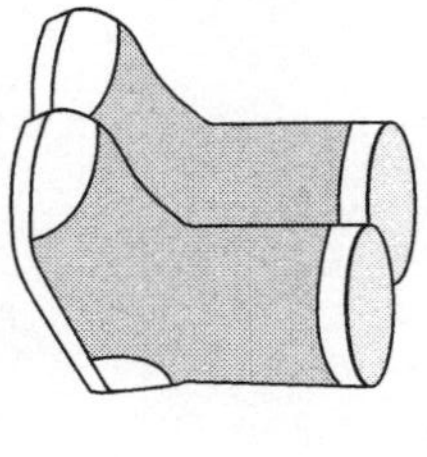

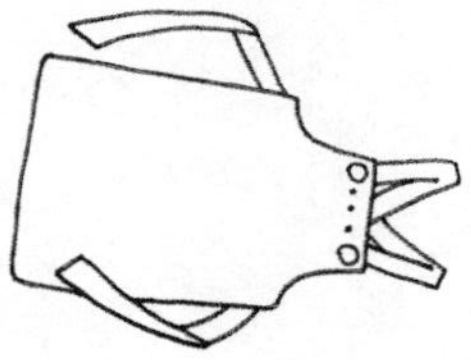

問題16－1

☆安田学園安田小学校

①

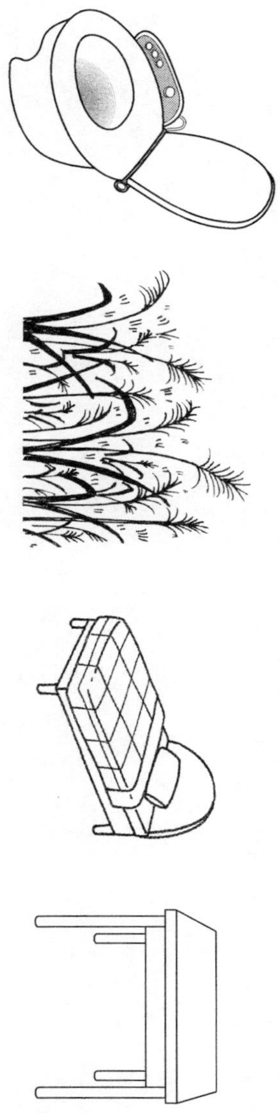

②

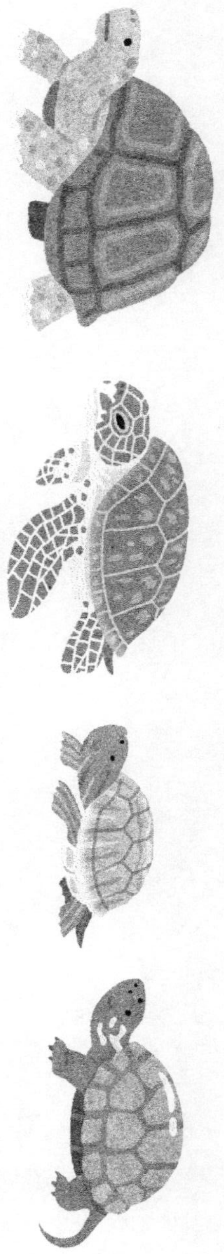

③

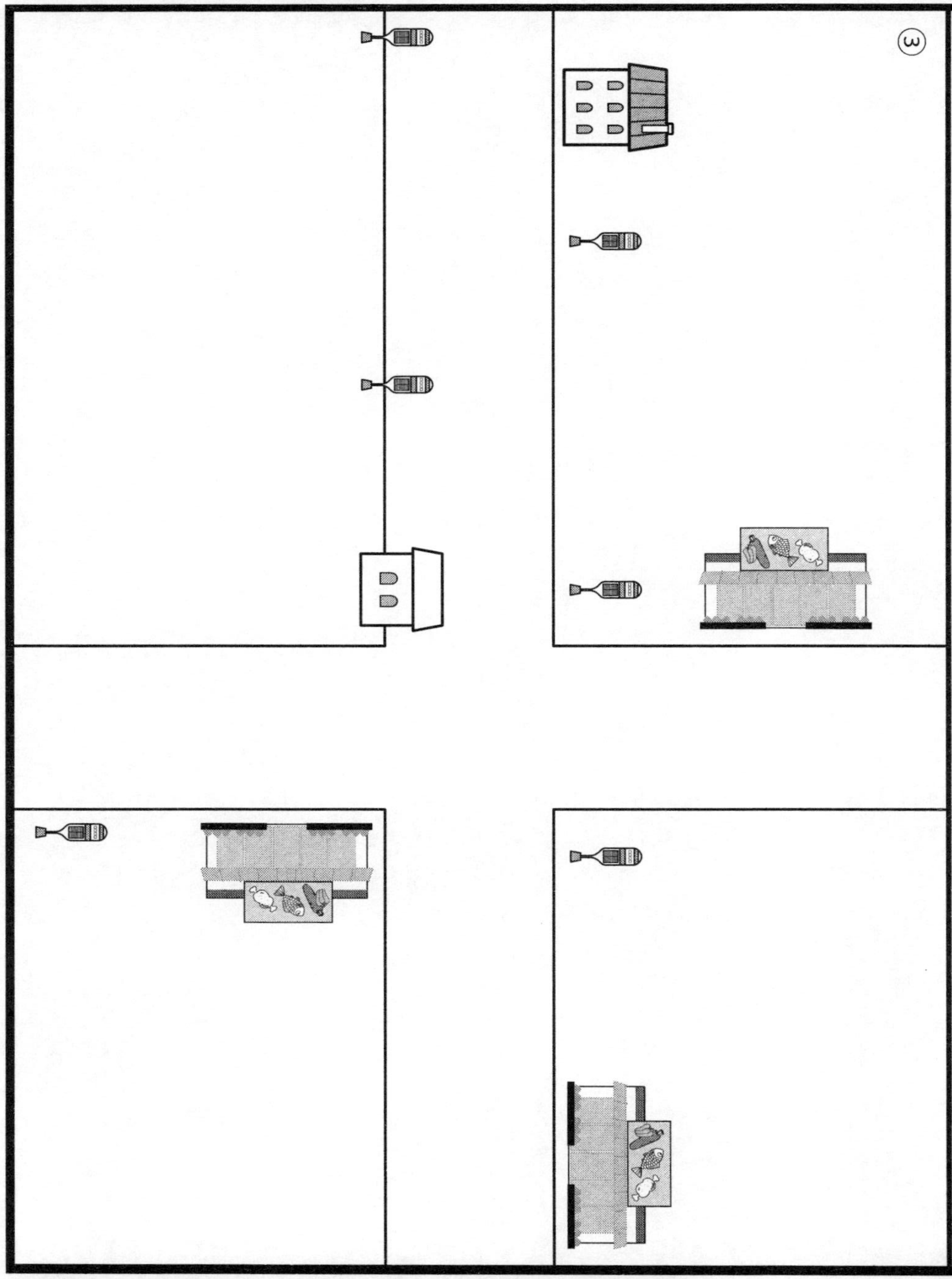

問題１６－２

④

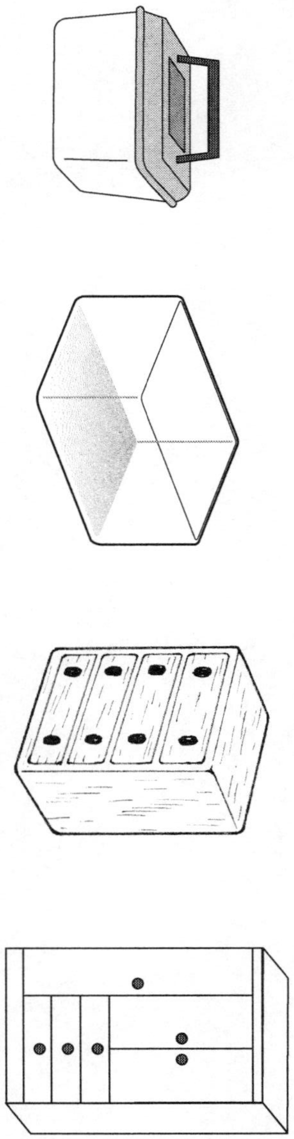

⑤

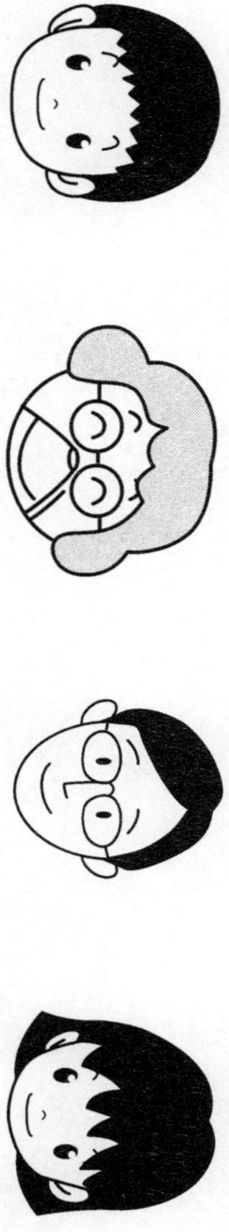

⑥

⑦

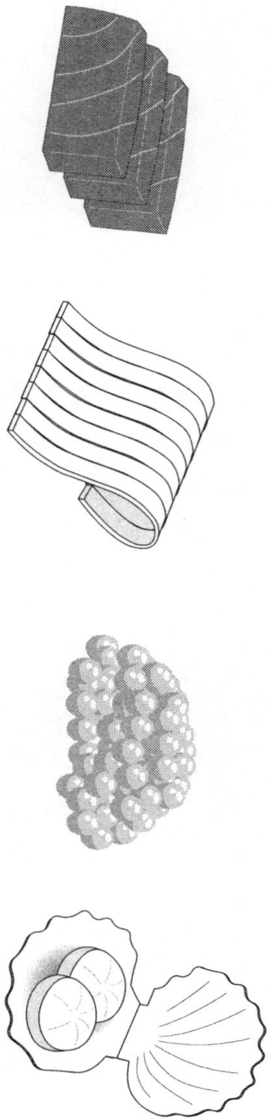

⑧

☆安田学園安田小学校

問題17－1

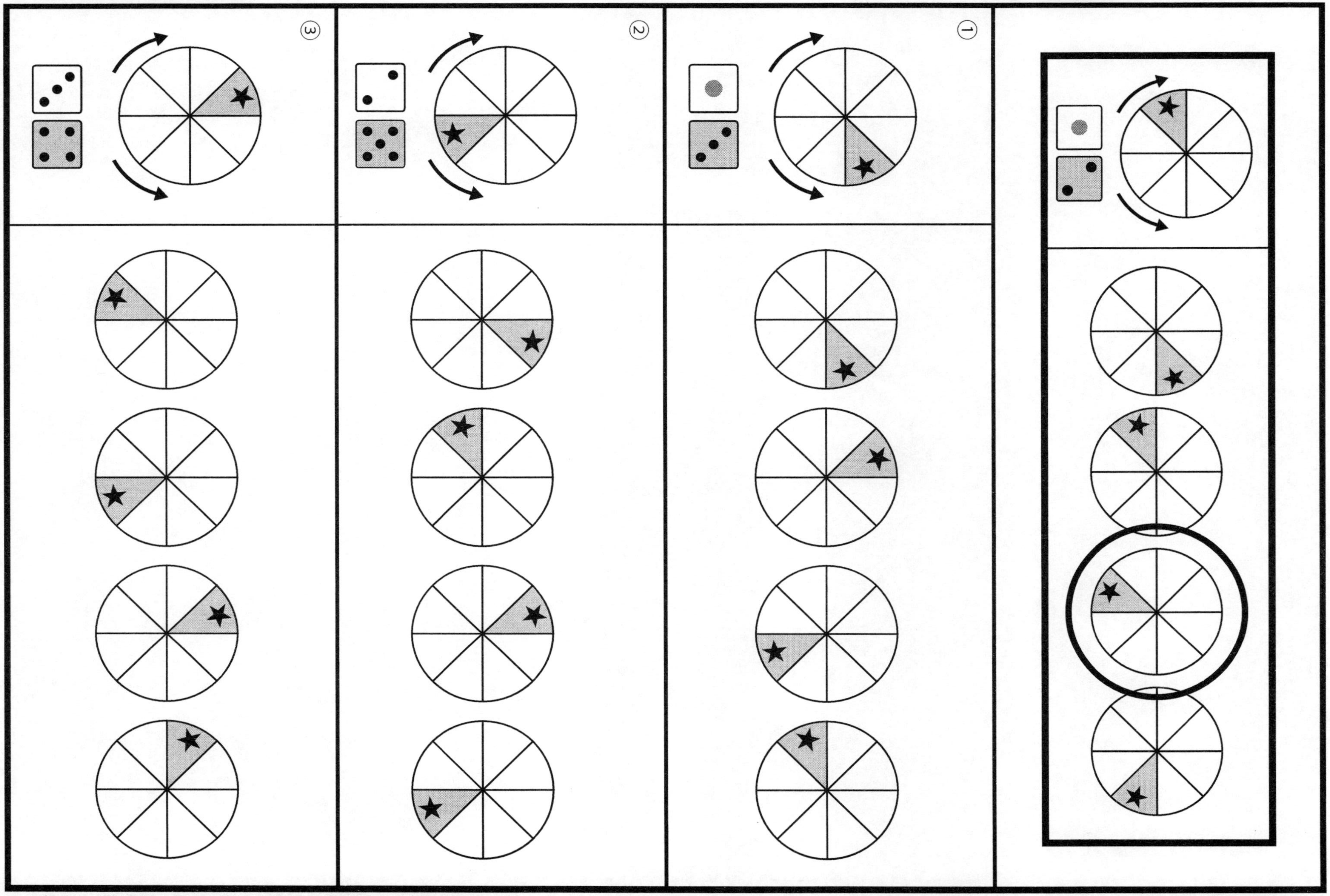

日本学習図書株式会社

2021年度　広島県版　私立小学校　過去　無断複製／転載を禁ずる

☆安田学園安田小学校

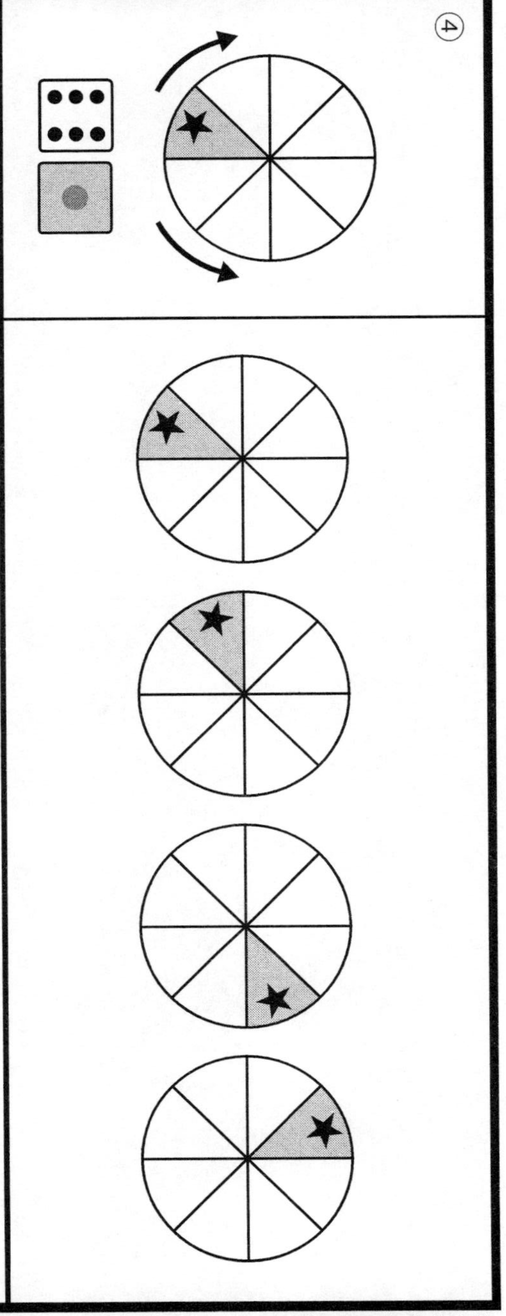

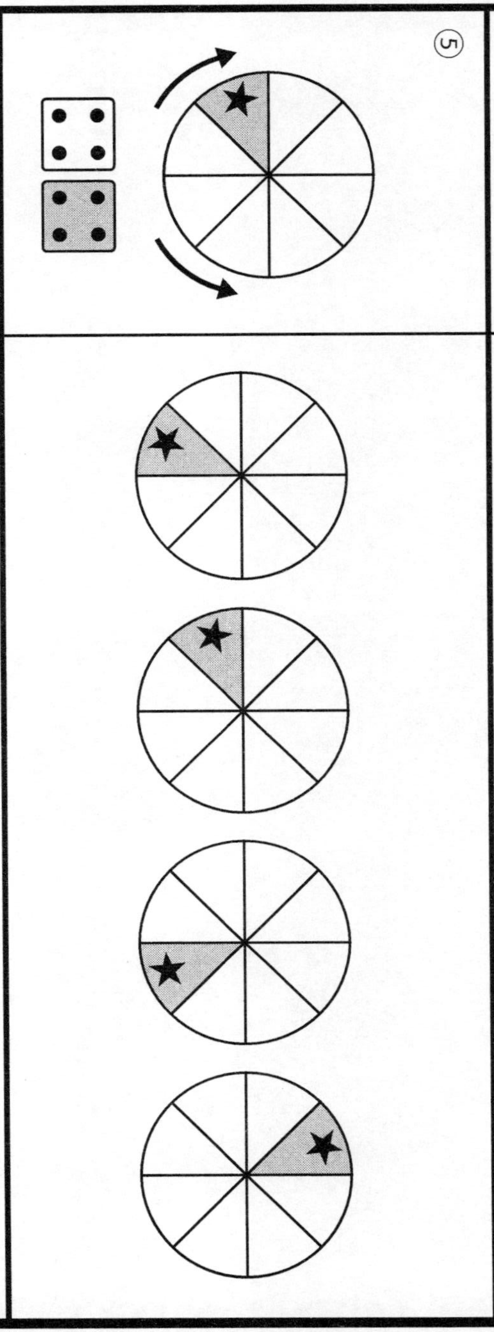

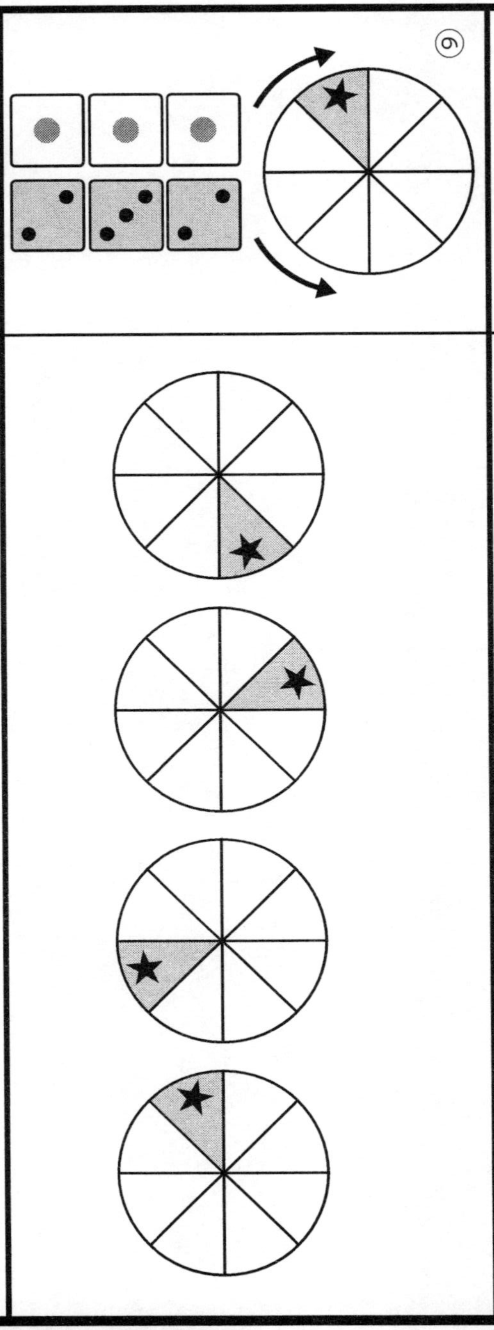

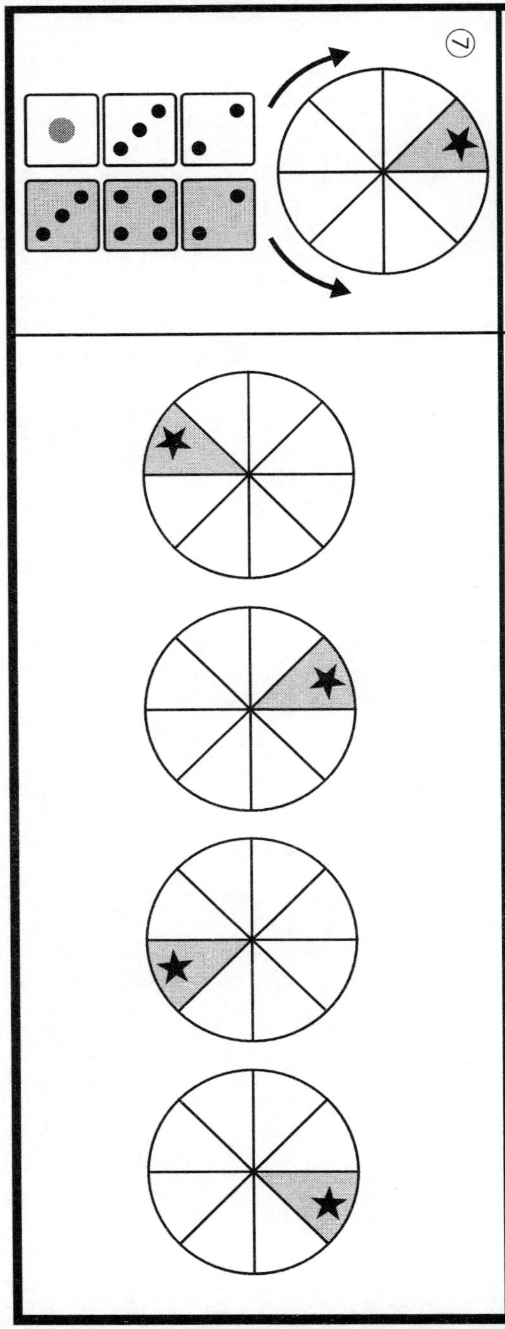

問題１７－３

⑧

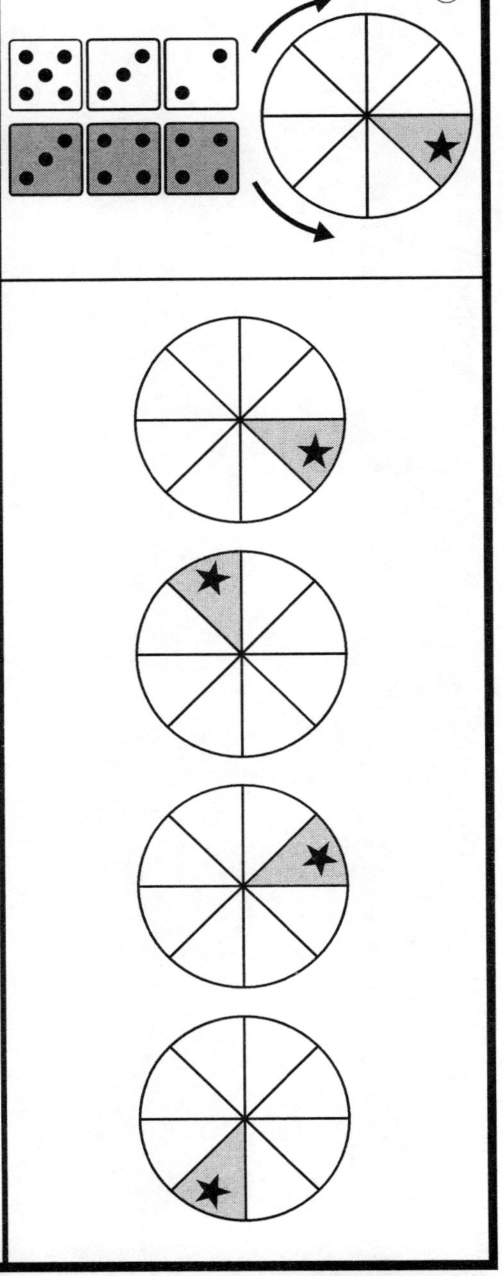

⑨

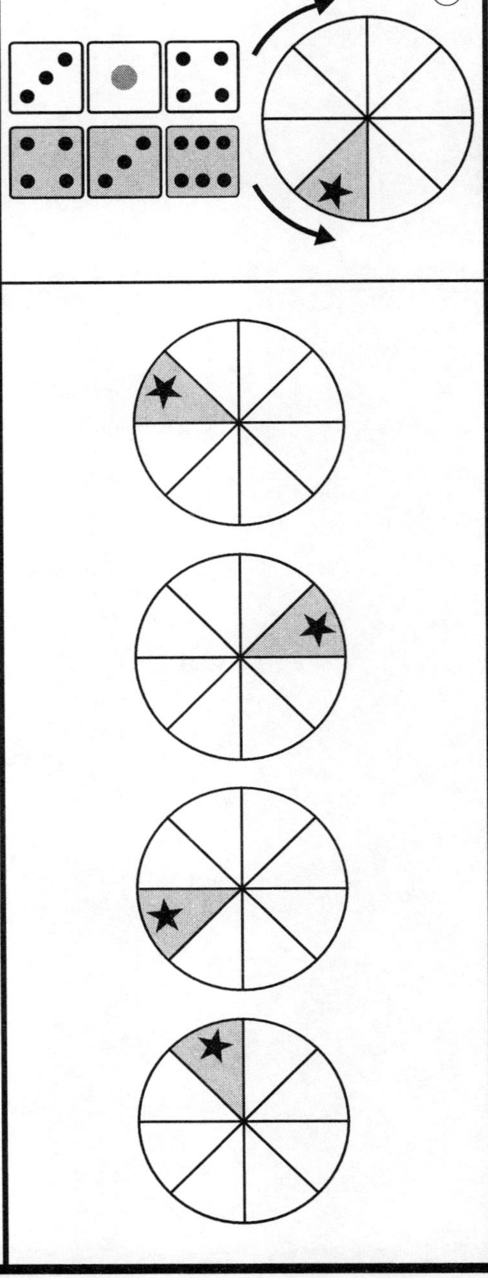

⑩

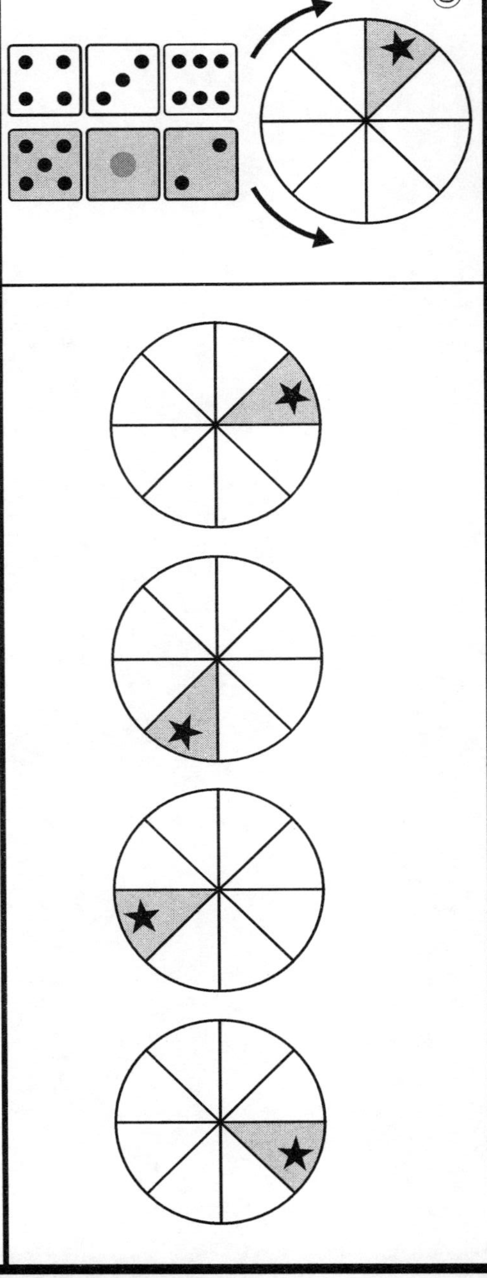

　

日本学習図書株式会社

☆安田学園安田小学校

問題18－1

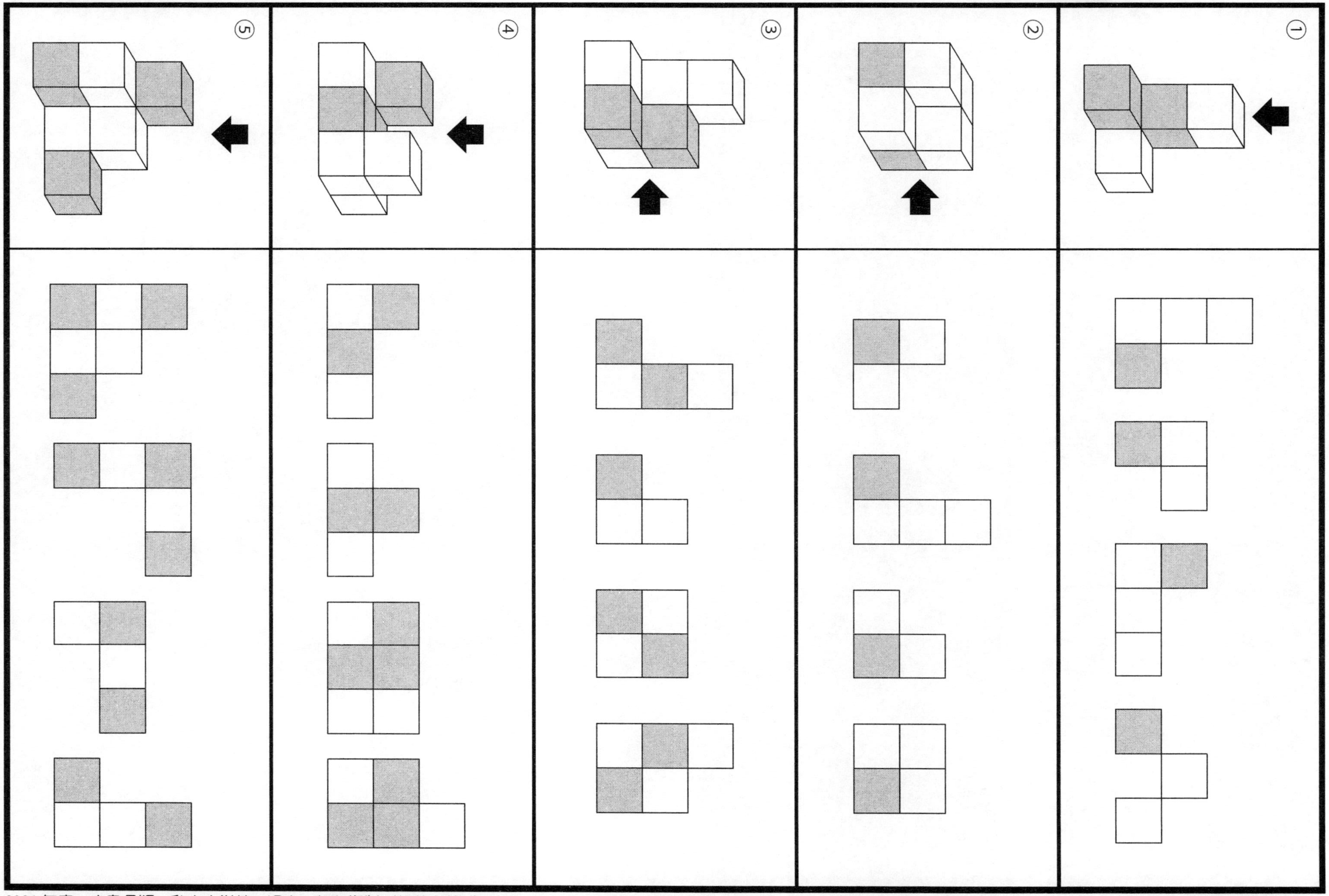

☆安田学園安田小学校

問題18－2

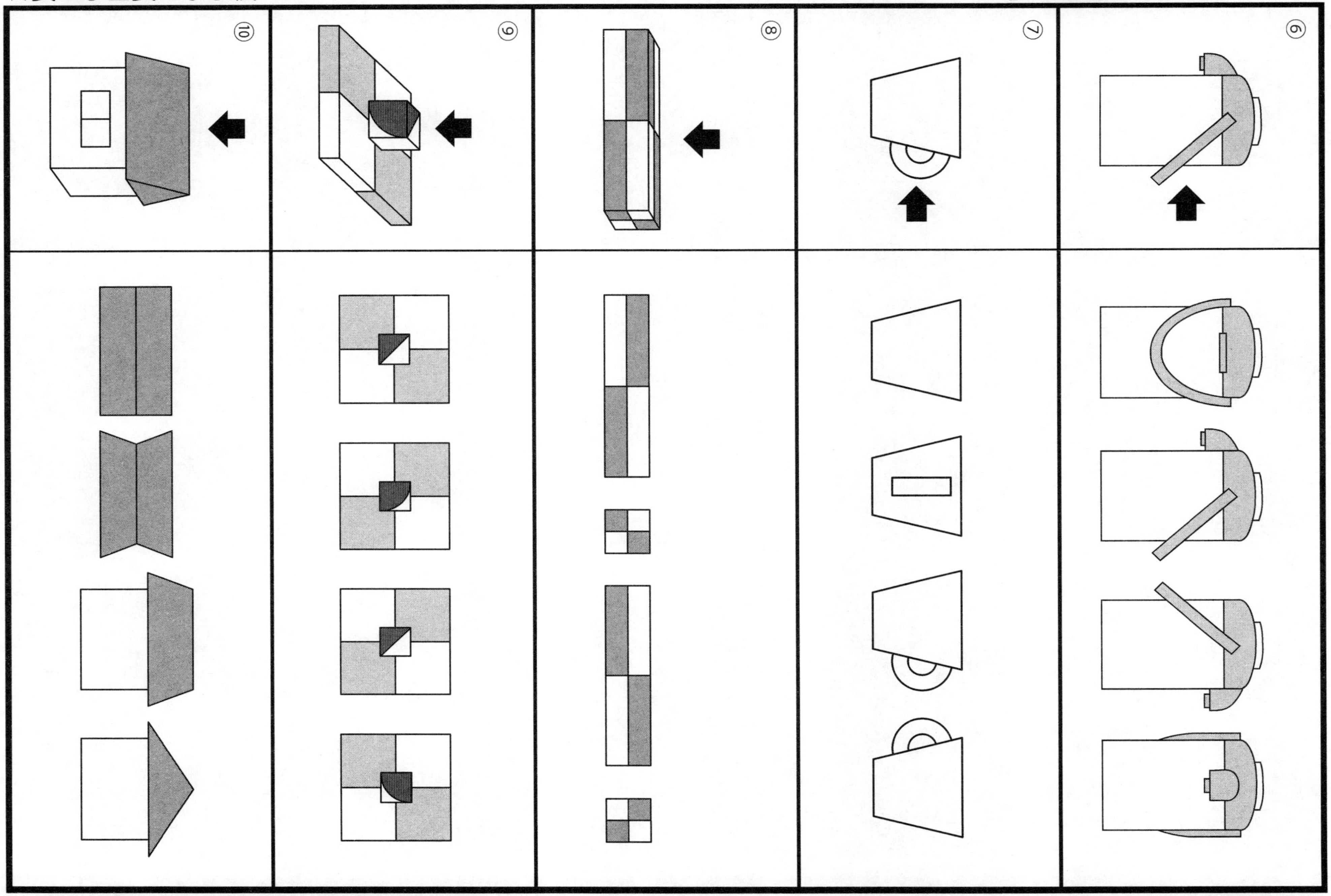

問題19-1

【裏】

【表】

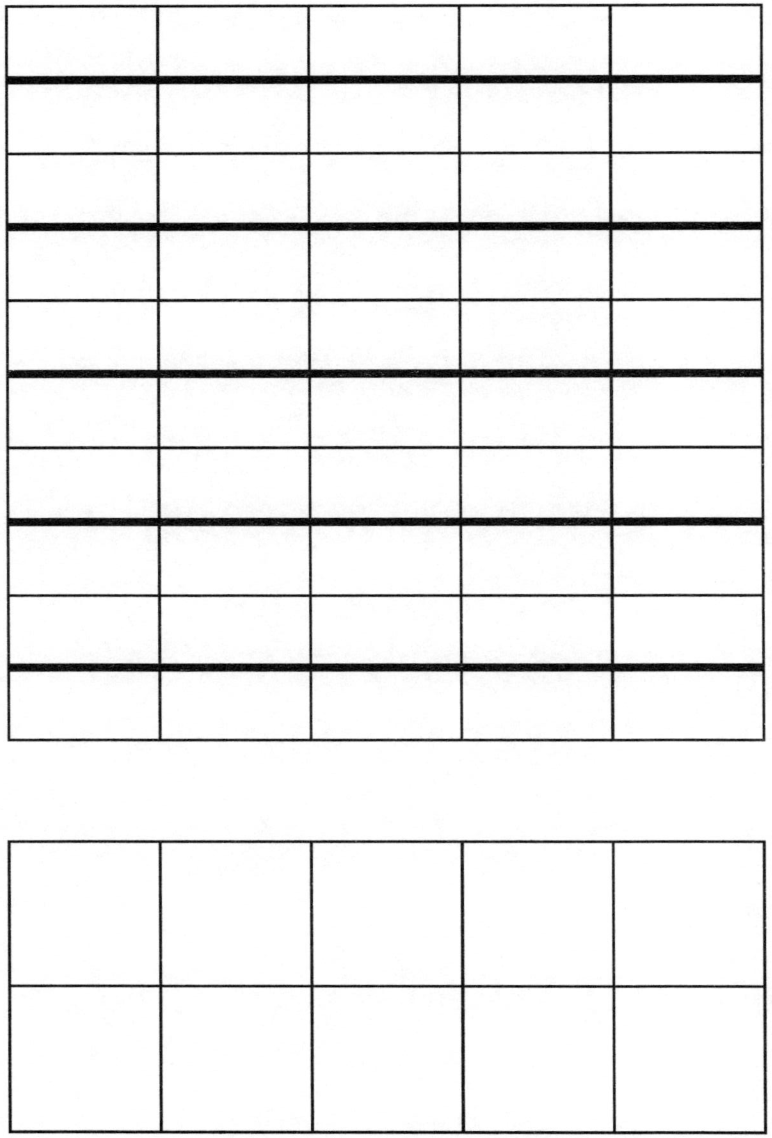

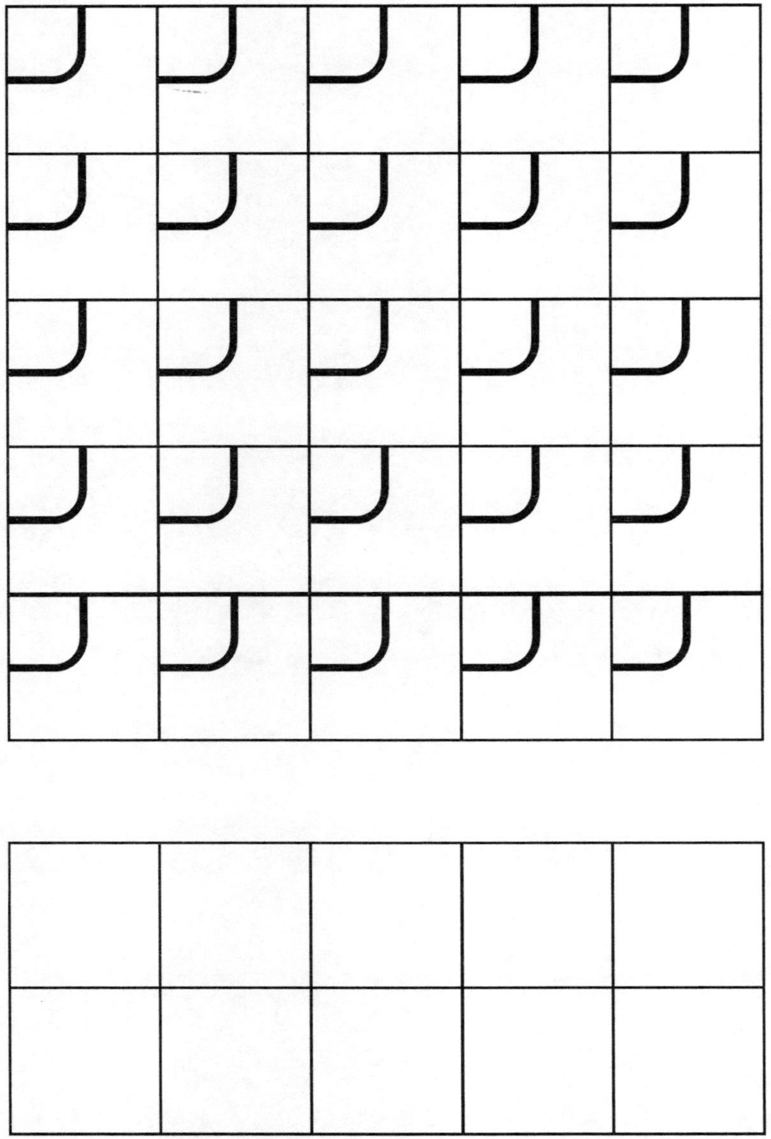

問題１９－２

①

【見本】

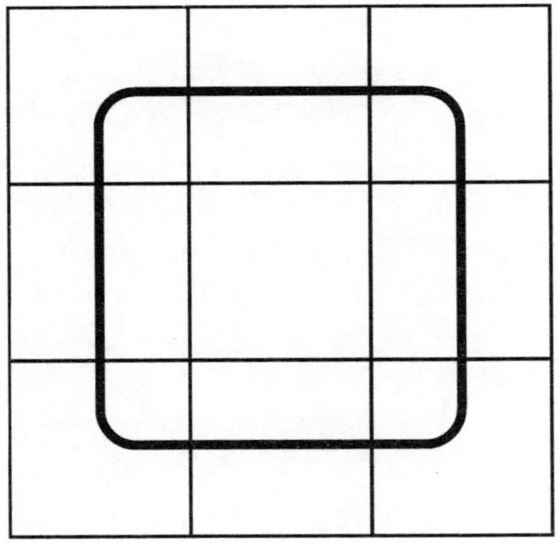

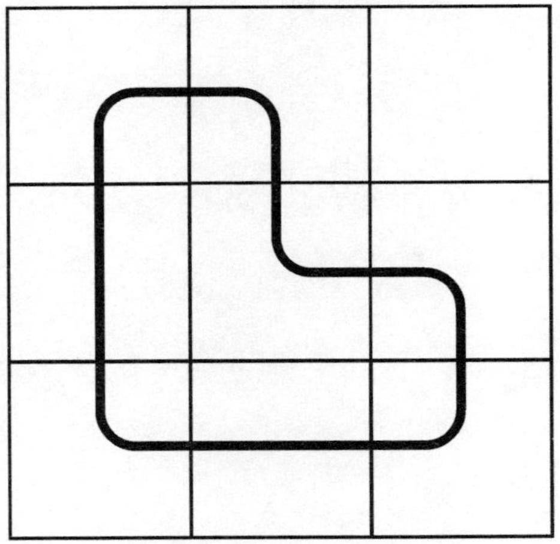

②

【だめな池】

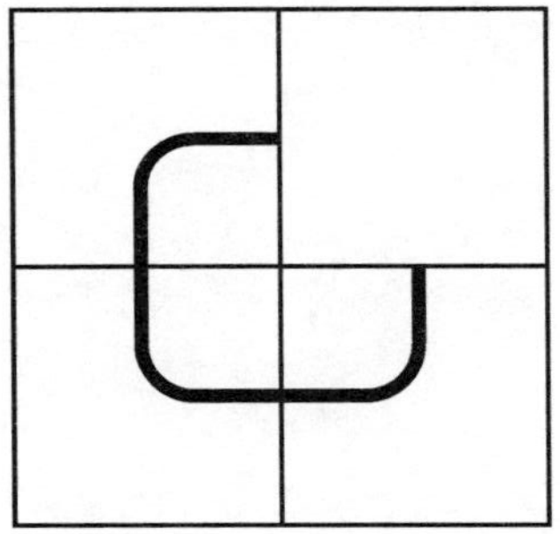

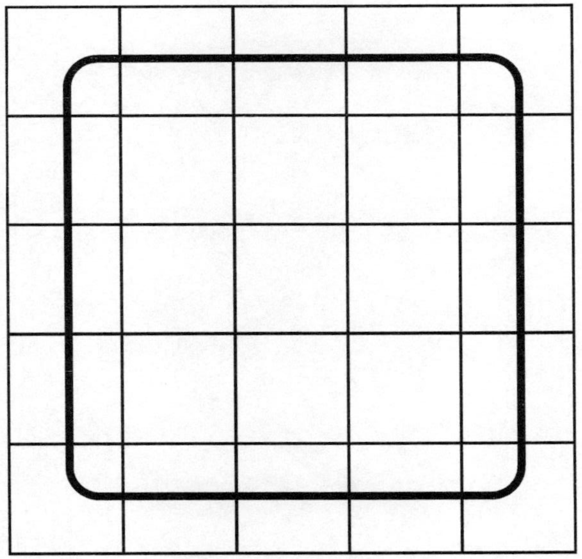

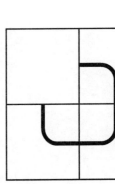

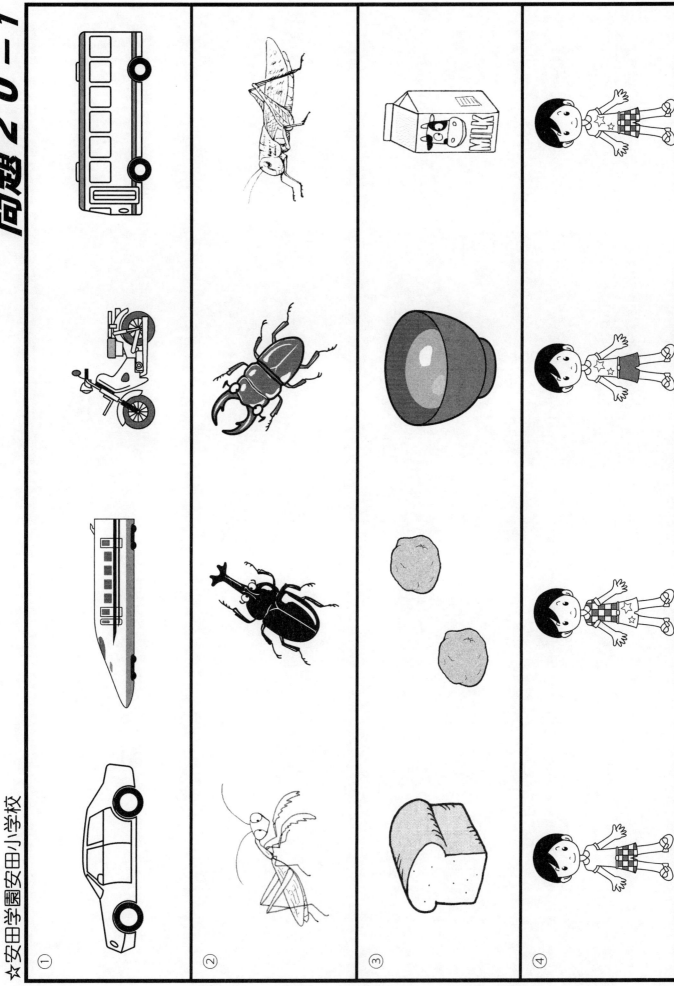

☆安田学園安田小学校

問題20－1

①

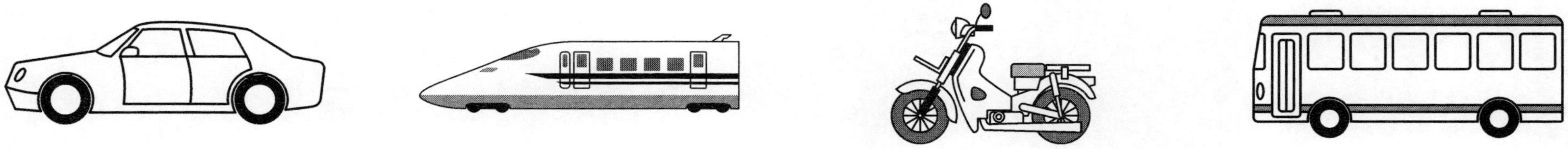

②

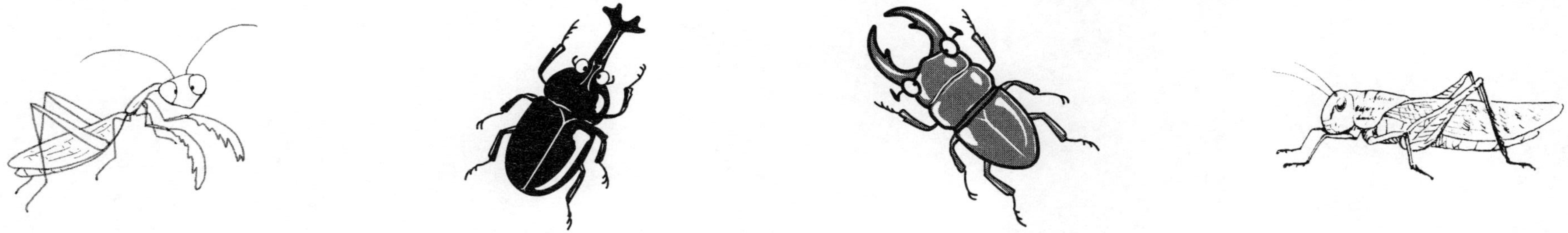

③

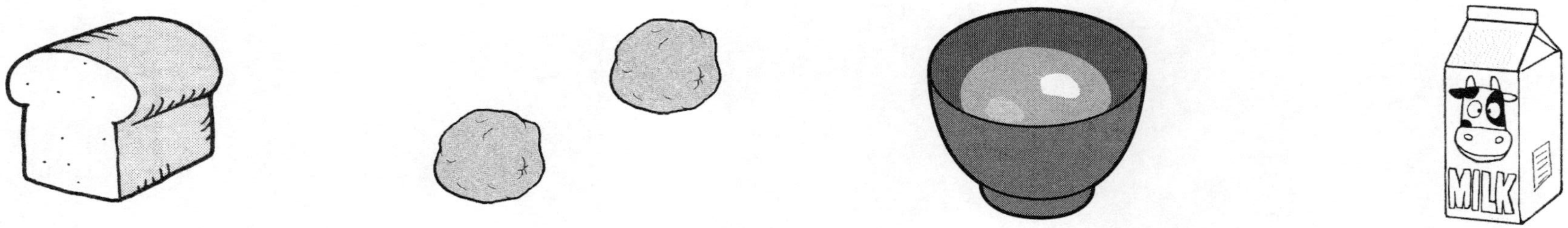

④

問題２０－２

☆安田学園安田小学校

⑤

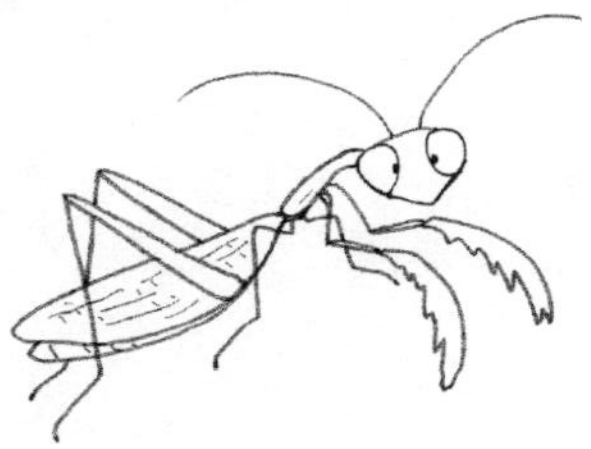

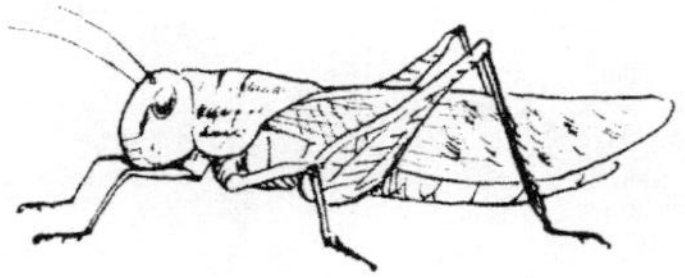

⑥

⑦

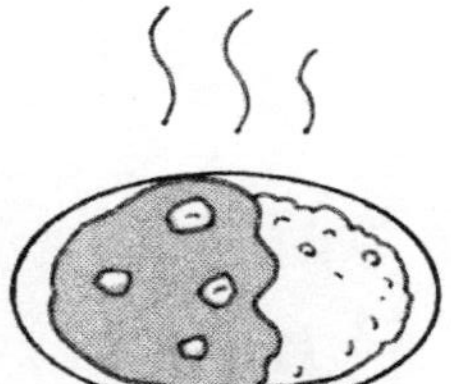

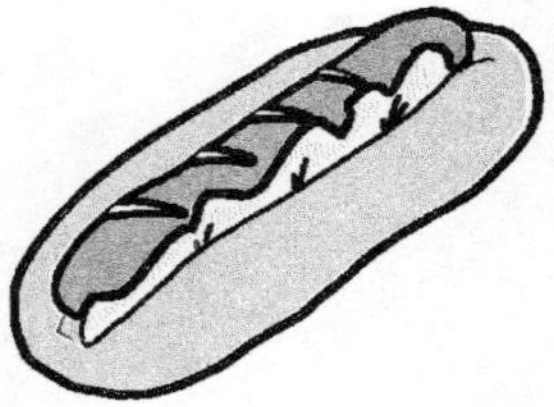

⑧

日本学習図書株式会社

☆なぎさ公園小学校

2021年度　広島県版　私立小学校　過去　無断複製／転載を禁ずる　日本学習図書株式会社

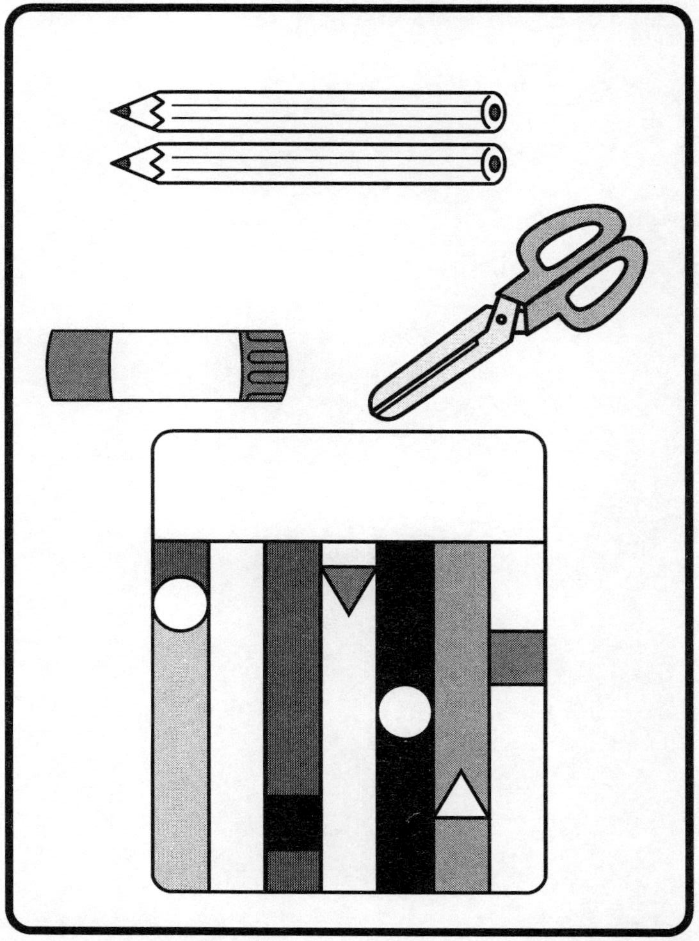

☆なぎさ公園小学校

2021年度　広島県版　私立小学校　過去　無断複製／転載を禁ずる　　日本学習図書株式会社

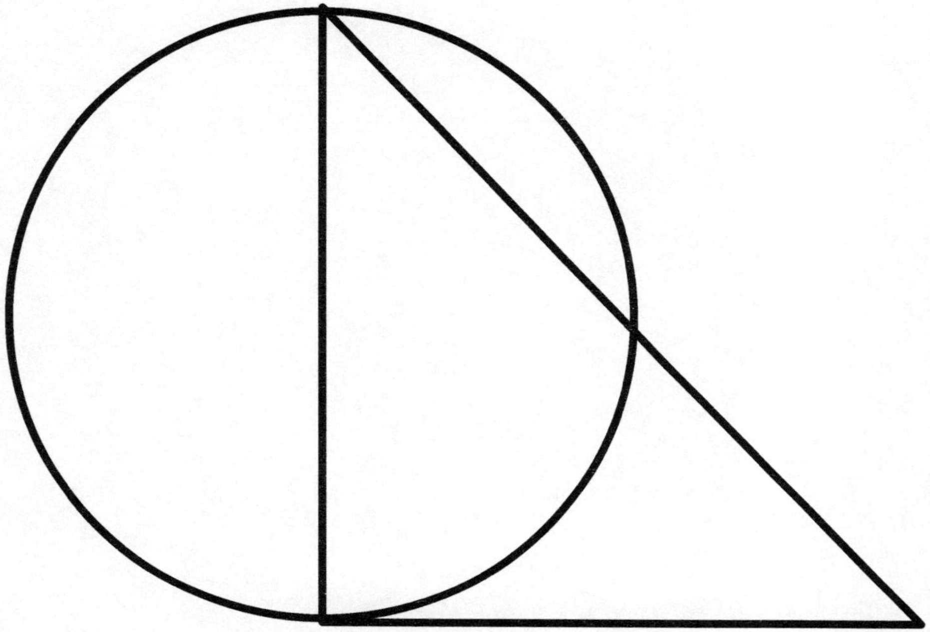

☆なぎさ公園小学校

2021年度　広島県版　私立小学校　過去　無断複製／転載を禁ずる　　日本学習図書株式会社

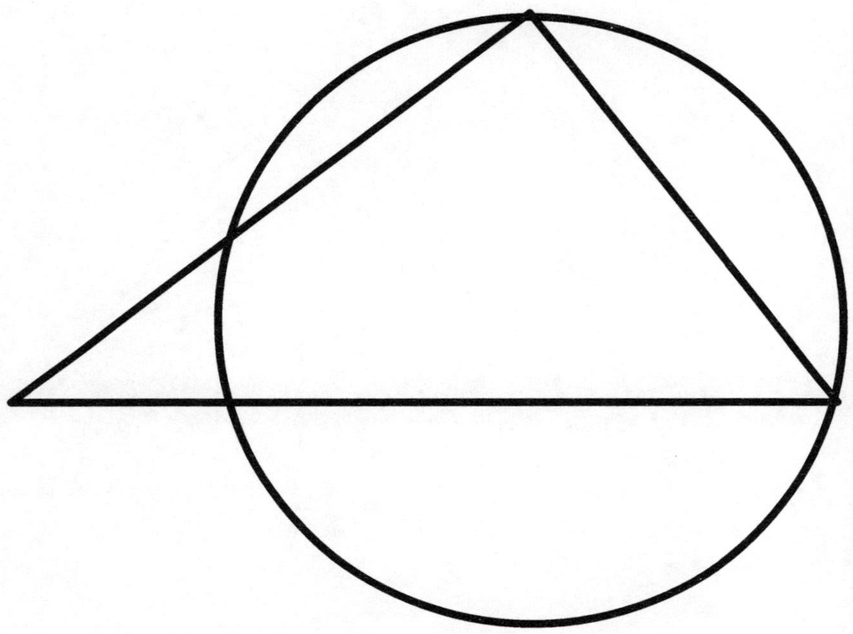

☆なぎさ公園小学校

問題２３

①

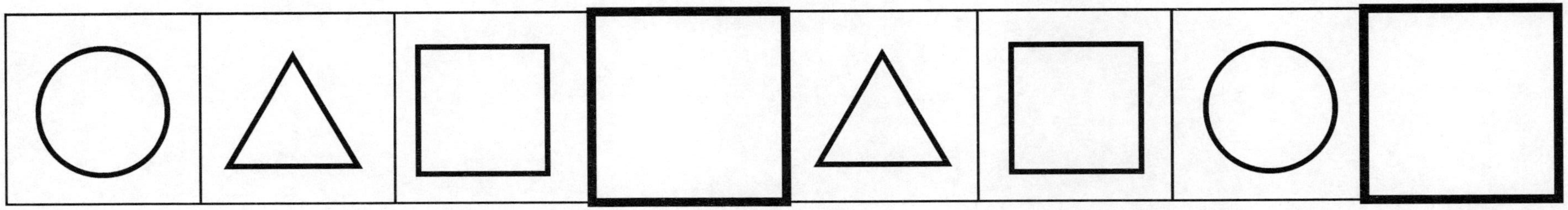

②

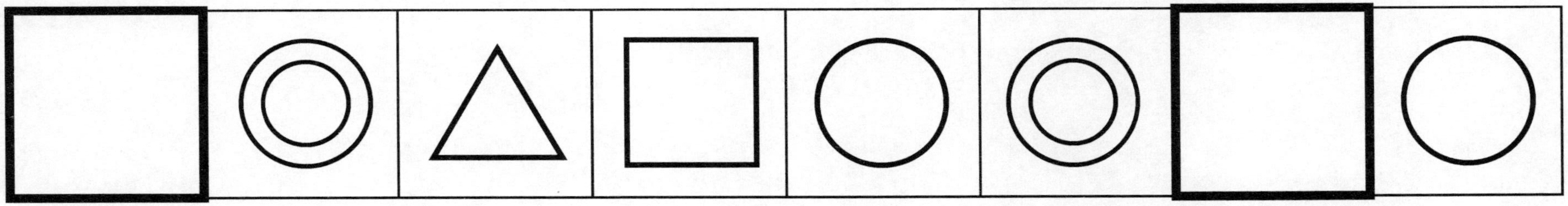

☆なぎさ公園小学校

問題２４

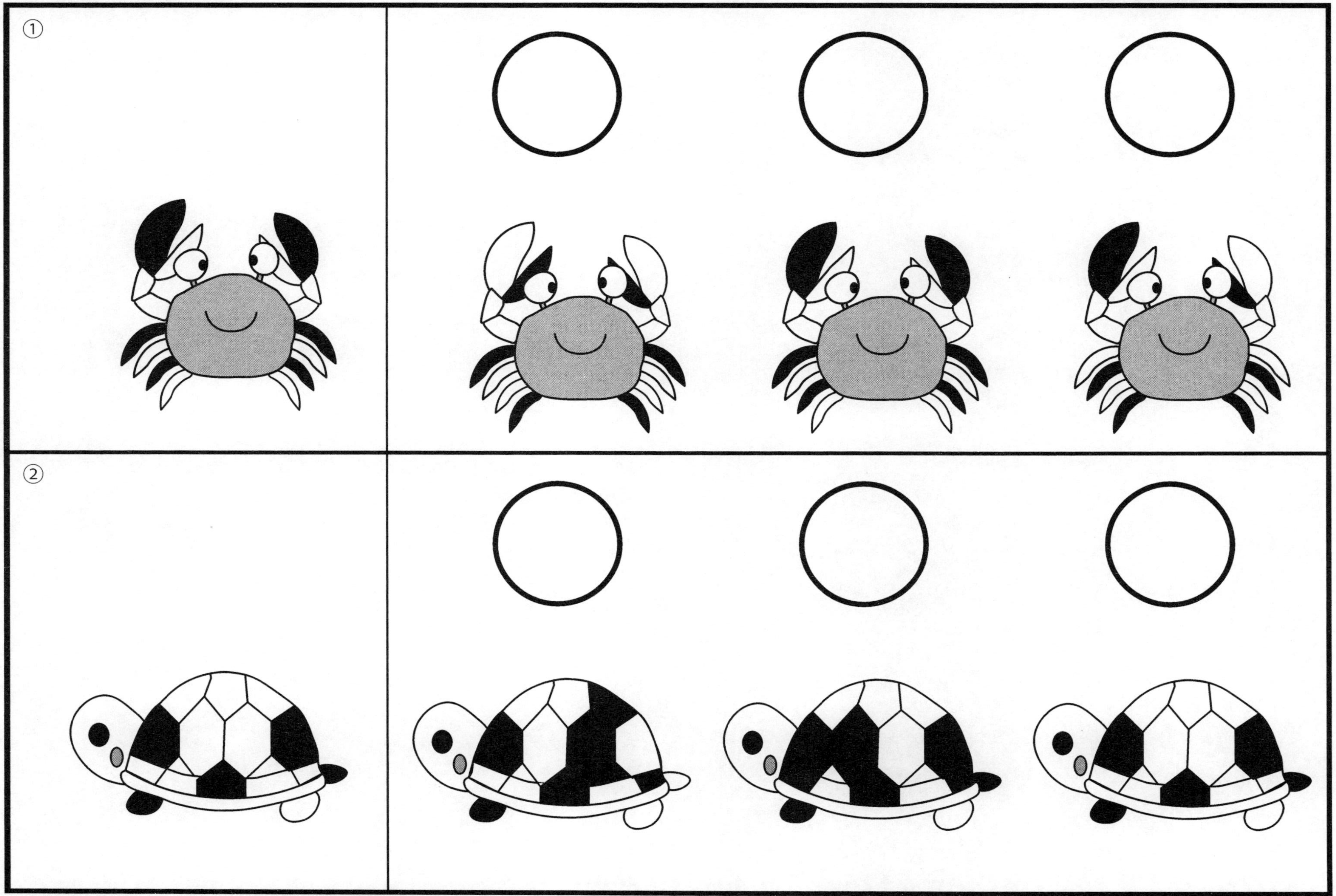

問題２６

☆なぎさ公園小学校

問題２７

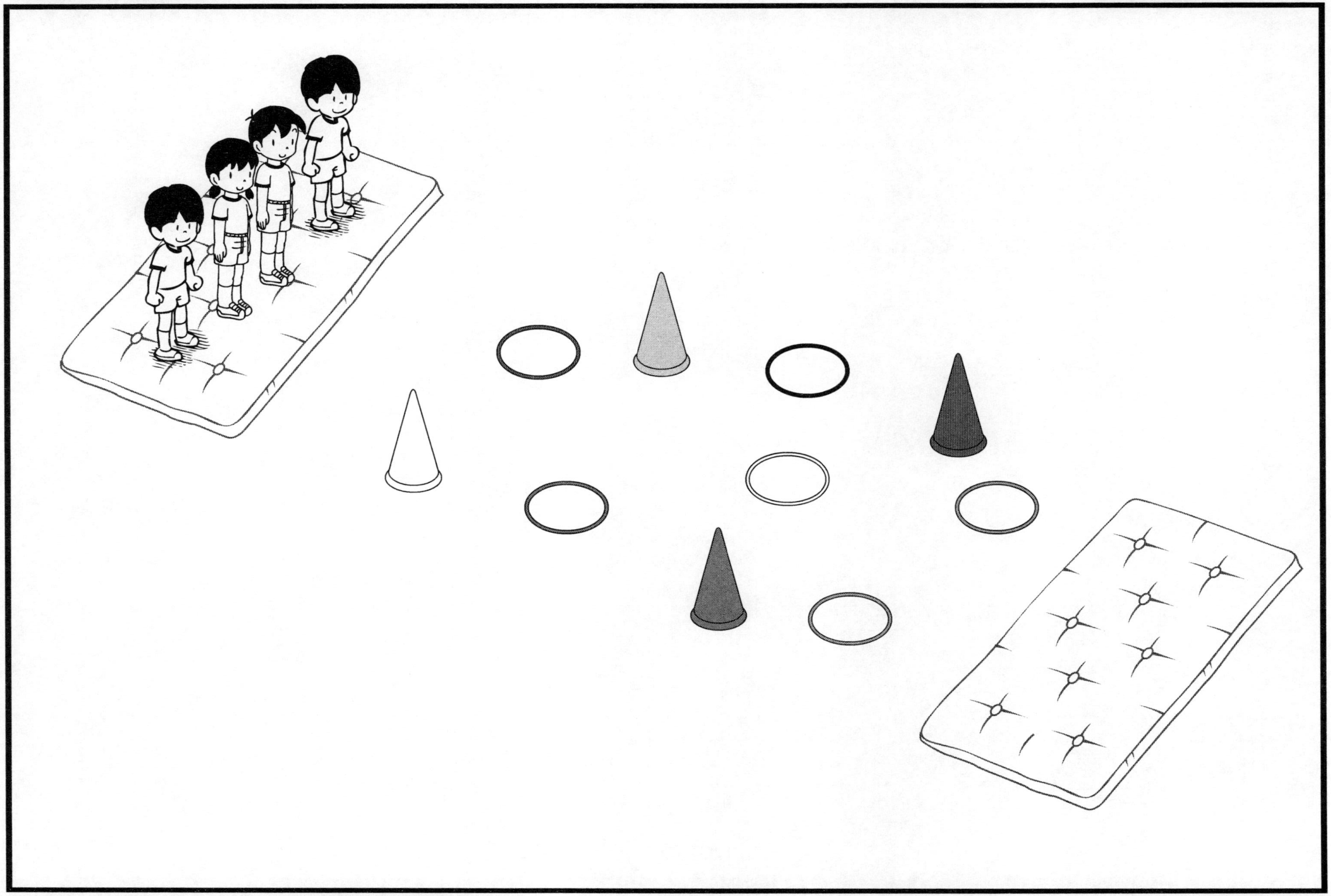

ゴール

フープ

スタート

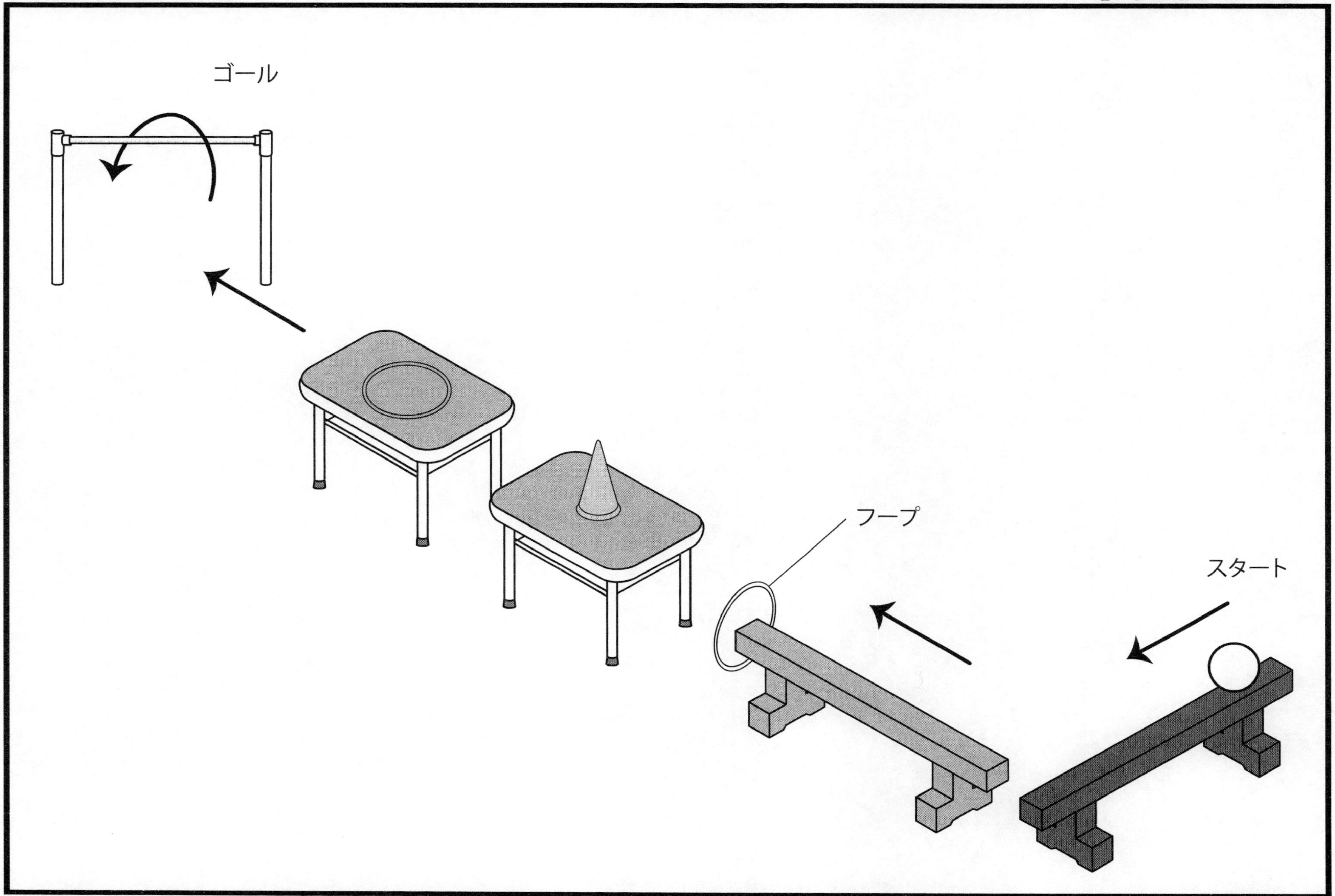

☆なぎさ公園小学校

問題3 1－1

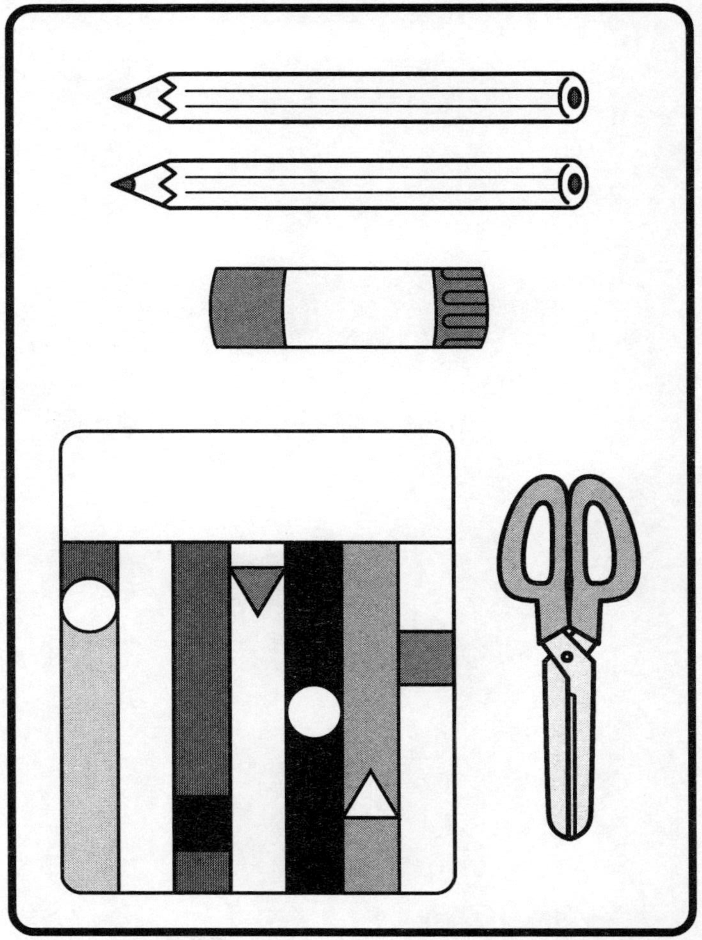

☆なぎさ公園小学校

2021年度　広島県版　私立小学校　過去　無断複製／転載を禁ずる　日本学習図書株式会社

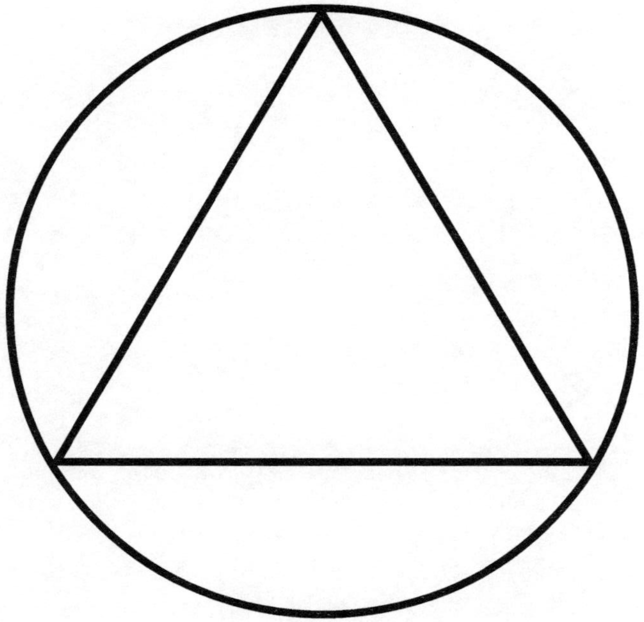

☆なぎさ公園小学校

2021年度　広島県版　私立小学校　過去　無断複製／転載を禁ずる　　日本学習図書株式会社

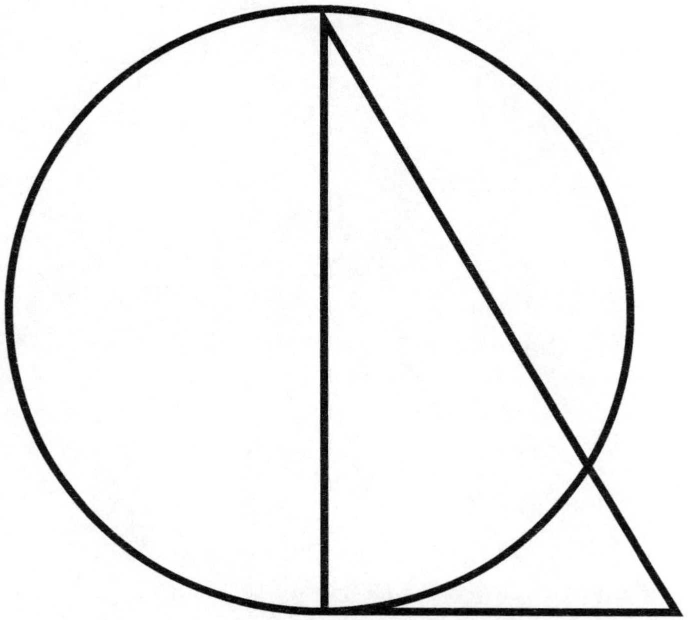

☆なぎさ公園小学校

問題32

①

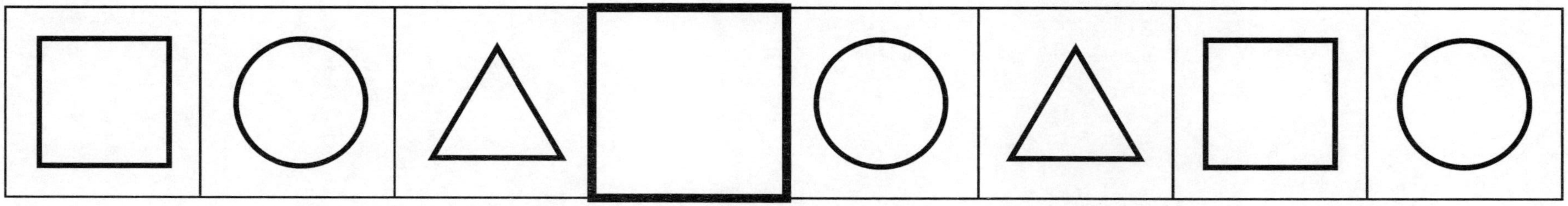

②

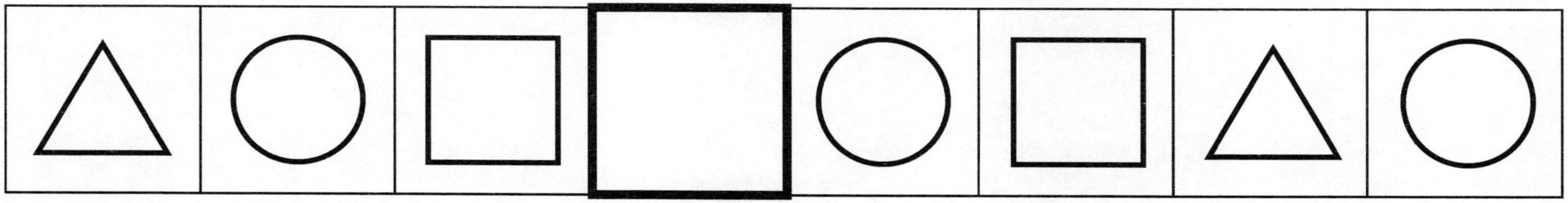

☆なぎさ公園小学校

①

②

☆なぎさ公園小学校

2021年度　広島県版　私立小学校　過去　無断複製／転載を禁ずる　日本学習図書株式会社

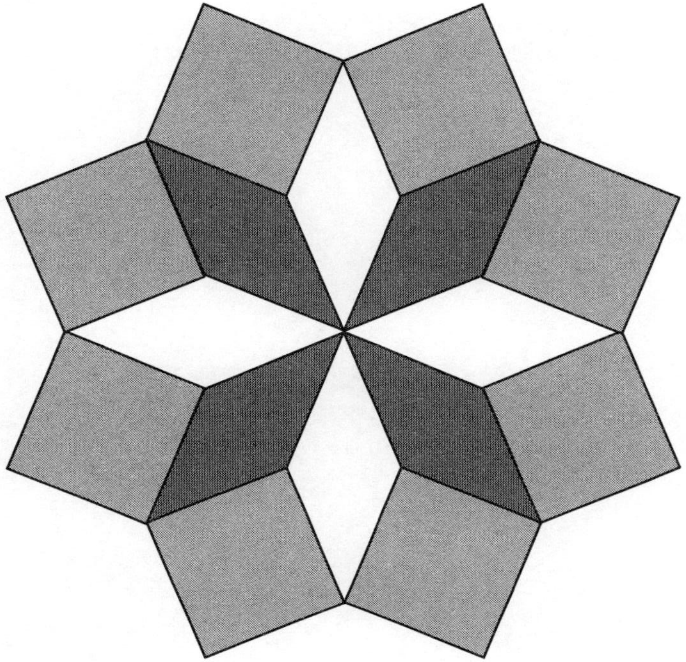

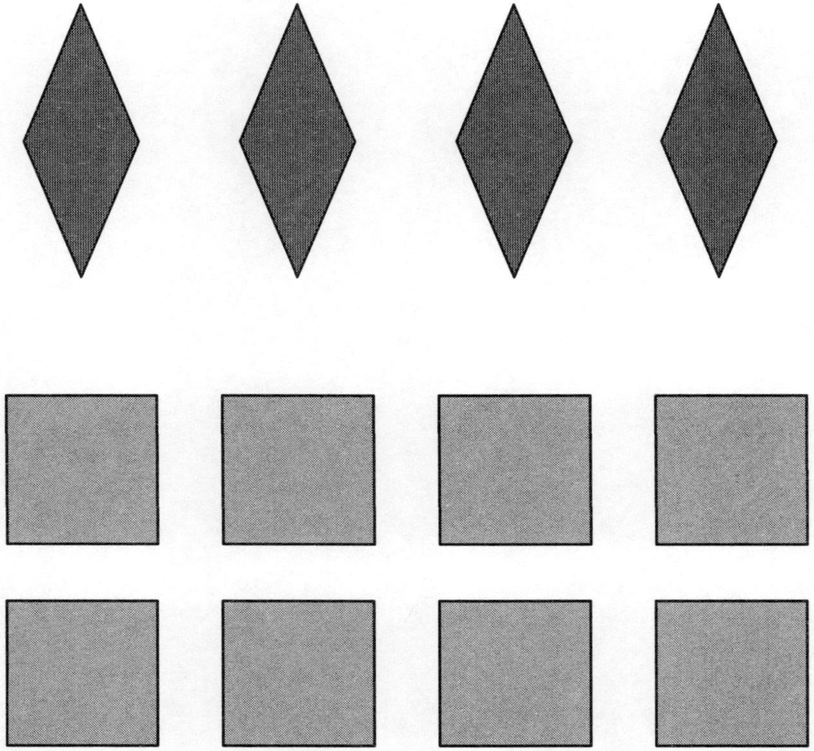

問題36

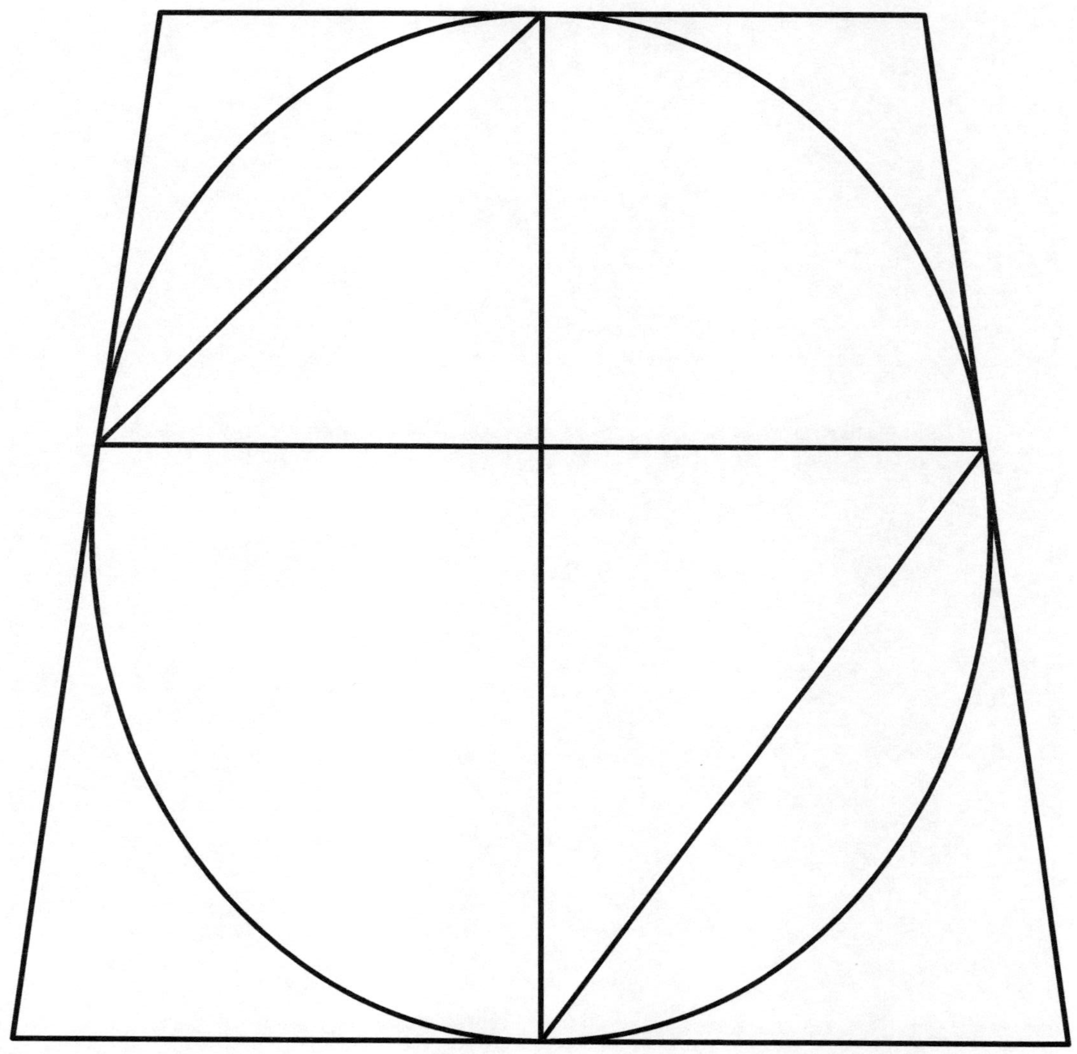

☆なぎさ公園小学校

問題37

①

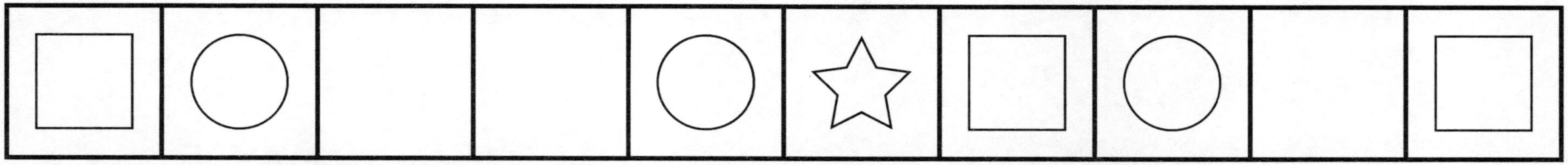

②

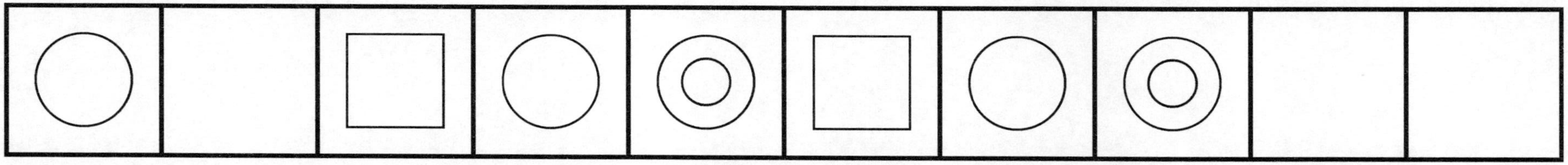

問題38

①

②

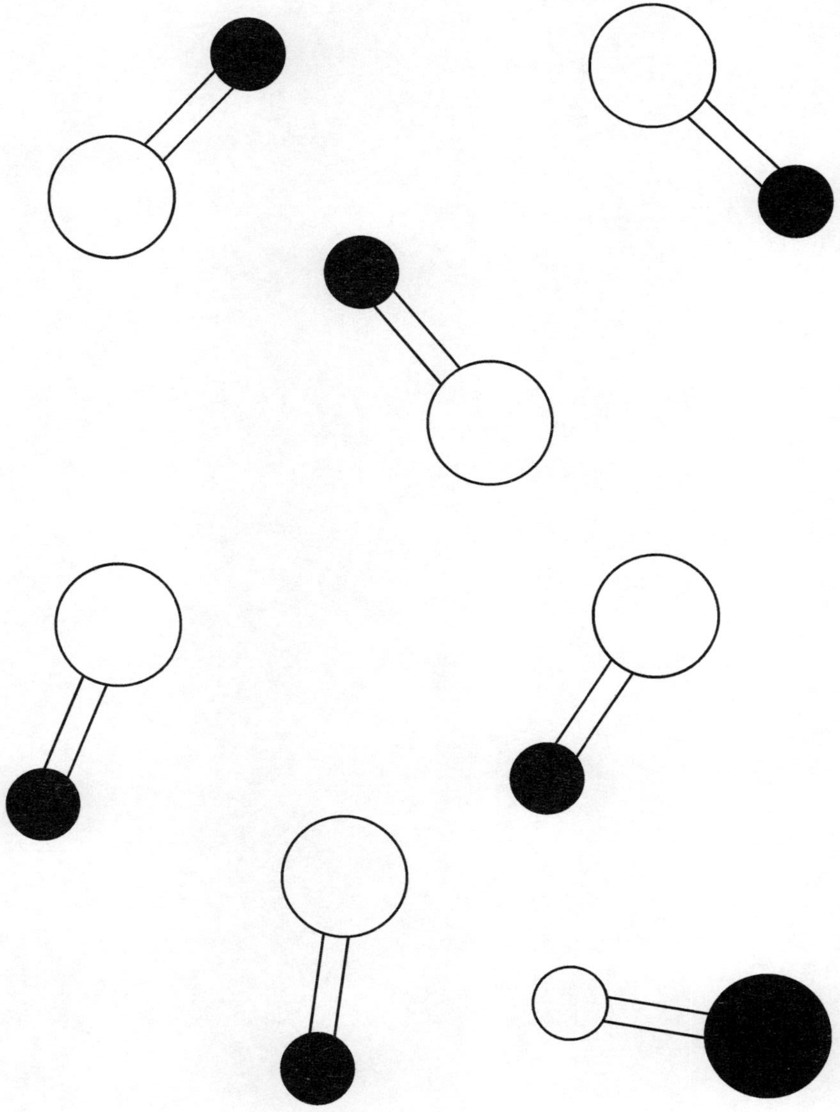

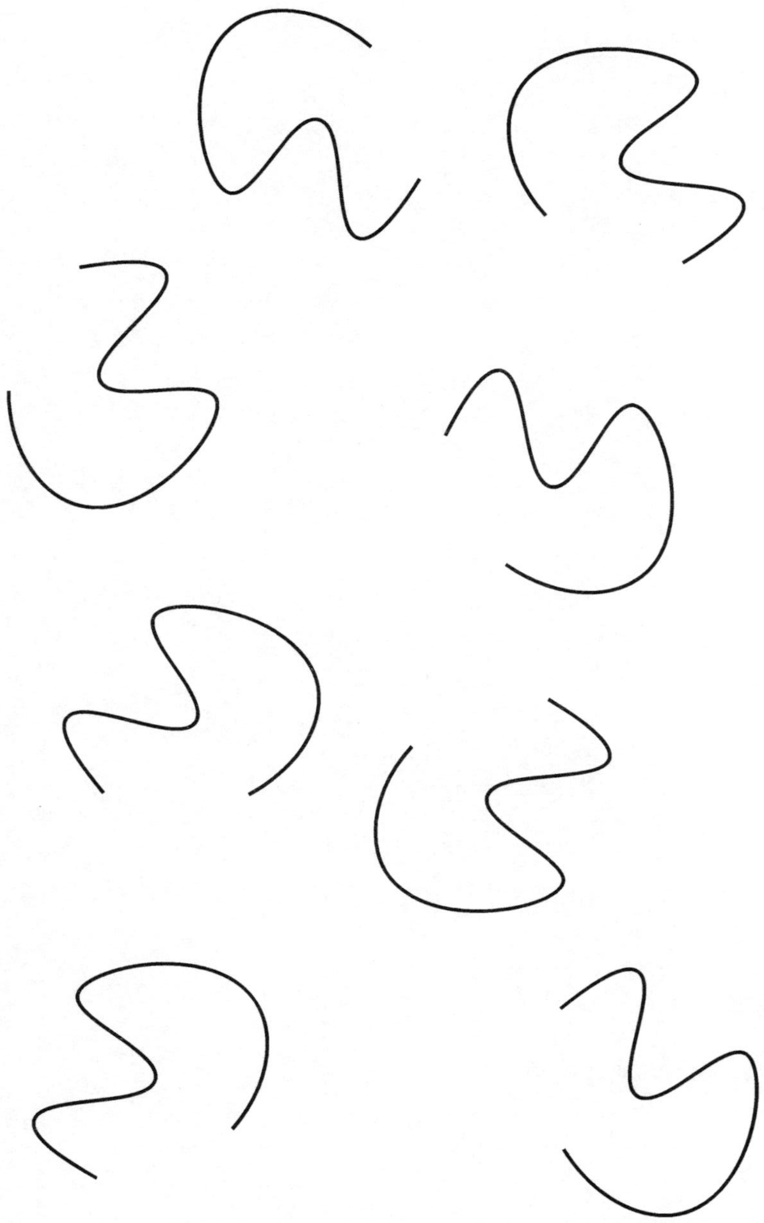

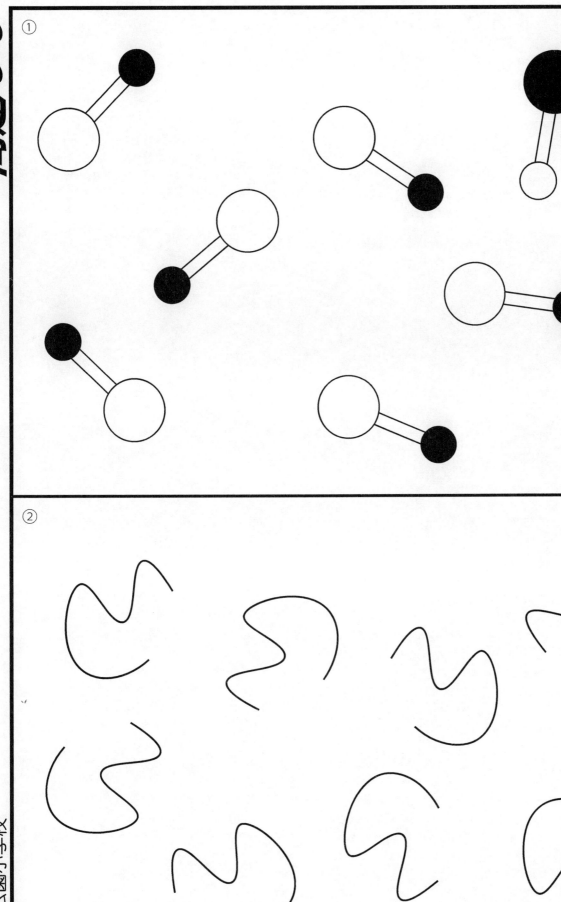

問題４０

日本学習図書株式会社

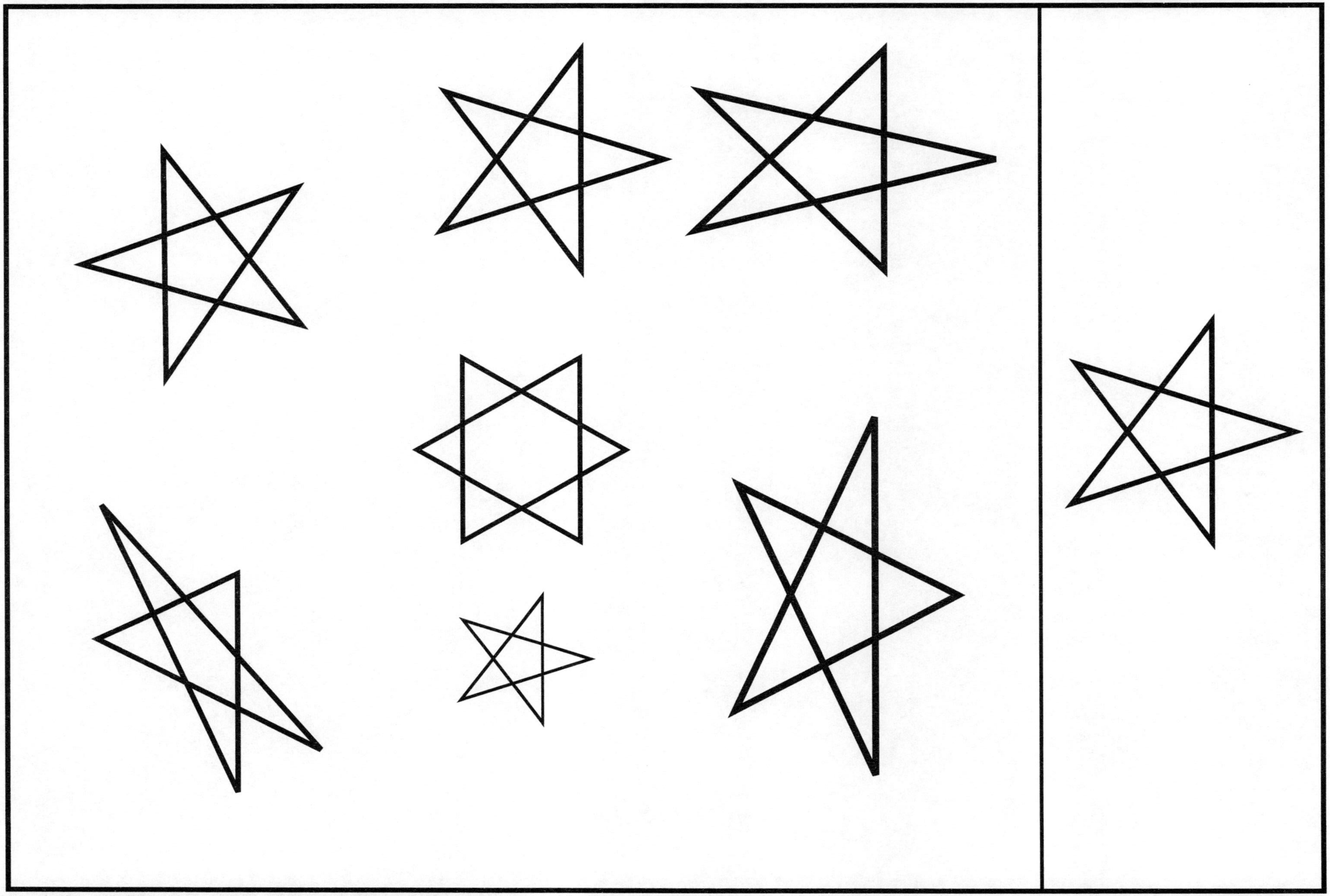

分野別 小学入試練習帳 ジュニアウォッチャー

1．点・線図形	小学校入試で出題頻度の高い『点・線図形』の模写を、難易度の低いものから段階別に幅広く練習することができるように構成。
2．座標	図形の位置模写という作業を、難易度の低いものから段階別に練習できるように構成。
3．パズル	様々なパズルの問題を難易度の低いものから段階別に練習できるように構成。
4．同図形探し	小学校入試で出題頻度の高い、同図形選びの問題を繰り返し練習できるように構成。
5．回転・展開	図形などを回転、または展開したとき、形がどのように変化するかを学習し、理解を深められるように構成。
6．系列	数、図形などの様々な系列問題を、難易度の低いものから段階別に練習できるように構成。
7．迷路	迷路の問題を繰り返し練習できるように構成。
8．対称	対称に関する問題を４つのテーマに分類し、各テーマごとに問題を段階別に練習できるように構成。
9．合成	図形の合成に関する問題を、難易度の低いものから段階別に練習できるように構成。
10．四方からの観察	もの（立体）を様々な角度から見て、どのように見えるかを推理する問題を段階別に整理し、１つの形式で複数の問題を練習できるように構成。
11．いろいろな仲間	ものや動物、植物の共通点を見つけ、分類していく問題を中心に構成。
12．日常生活	日常生活における様々な問題を６つのテーマに分類し、各テーマごとに一つの問題形式で複数の問題を練習できるように構成。
13．時間の流れ	『時間』に着目し、様々なものごとは、時間が経過するとどのように変化するのかということを学習し、理解できるように構成。
14．数える	様々なものを『数える』ことから、数の多少の判定やかけ算、わり算の基礎までを練習できるように構成。
15．比較	比較に関する問題を５つのテーマ（数、高さ、長さ、量、重さ）に分類し、各テーマごとに問題を段階別に練習できるように構成。
16．積み木	数える対象を積み木に限定した問題集。
17．言葉の音遊び	言葉の音に関する問題を５つのテーマに分類し、各テーマごとに問題を段階別に練習できるように構成。
18．いろいろな言葉	表現力をより豊かにするいろいろな言葉として、擬態語や擬声語、同音異義語、反意語、数詞を取り上げた問題集。
19．お話の記憶	お話を聴いてその内容を記憶、理解し、設問に答える形式の問題集。
20．見る記憶・聴く記憶	「見て憶える」「聴いて憶える」という『記憶』分野に特化した問題集。
21．お話作り	いくつかの絵を元にしてお話を作る練習をして、想像力を養うことができるように構成。
22．想像画	描かれてある形や景色に好きな絵を描くことにより、想像力を養うことができるように構成。
23．切る・貼る・塗る	小学校入試で出題頻度の高い、はさみやのりなどを用いた巧緻性の問題を繰り返し練習できるように構成。
24．絵画	小学校入試で出題頻度の高い、お絵かきやぬり絵などクレヨンやクーピーペンを用いた巧緻性の問題を繰り返し練習できるように構成。
25．生活巧緻性	小学校入試で出題頻度の高い日常生活の様々な場面における巧緻性の問題集。
26．文字・数字	ひらがなの清音、濁音、拗音、拗長音、促音と１～20までの数字に焦点を絞り、練習できるように構成。
27．理科	小学校入試で出題頻度が高くなりつつある理科の問題を集めた問題集。
28．運動	出題頻度の高い運動問題を種目別に分けて構成。
29．行動観察	項目ごとに問題提起をし、「このような時はどうか、あるいはどう対処するのか」の観点から問いかける形式の問題集。
30．生活習慣	学校から家庭に提起された問題と思って、一問一問絵を見ながら話し合い、考える形式の問題集。
31．推理思考	数、量、言語、常識（含理科、一般）など、諸々のジャンルから問題を構成し、近年の小学校入試問題傾向に沿って構成。
32．ブラックボックス	箱や筒の中を通ると、どのようなお約束でどのように変化するかを推理・思考する問題集。
33．シーソー	重さの違うものをシーソーに乗せた時どちらに傾くのか、またどうすればシーソーは釣り合うのかを思考する基礎的な問題集。
34．季節	様々な行事や植物などを季節別に分類できるように知識をつける問題集。
35．重ね図形	小学校入試で頻繁に出題されている「図形を重ね合わせてできる形」についての問題を集めました。
36．同数発見	様々な物を数え「同じ数」を発見し、数の多少の判断や数の認識の基礎を学べるように構成した問題集。
37．選んで数える	数の学習の基本となる、いろいろなものの数を正しく数える学習を行う問題集。
38．たし算・ひき算１	数字を使わず、たし算とひき算の基礎を身につけるための問題集。
39．たし算・ひき算２	数字を使わず、たし算とひき算の基礎を身につけるための問題集。
40．数を分ける	数を等しく分ける問題です。等しく分けたときに余りが出るものもあります。
41．数の構成	ある数がどのような数で構成されているか学んでいきます。
42．一対多の対応	一対一の対応から、一対多の対応まで、かけ算の考え方の基礎学習を行います。
43．数のやりとり	あげたり、もらったり、数の変化をしっかりと学びます。
44．見えない数	指定された条件から数を導き出します。
45．図形分割	図形の分割に関する問題集。パズルや合成の分野にも通じる様々な問題を集めました。
46．回転図形	「回転図形」に関する問題集。やさしい問題から始め、いくつかの代表的なパターンから、段階を踏んで学習できるよう編集されています。
47．座標の移動	「マス目の指示通りに移動する問題」と「指示された数だけ移動する問題」を収録。
48．鏡図形	鏡で左右反転させた時の見え方を考えます。平面図形から立体図形、文字、絵まで。
49．しりとり	すべての学習の基礎となる「言葉」を学ぶこと、特に「語彙」を増やすことに重点をおき、さまざまなタイプの「しりとり」問題を集めました。
50．観覧車	観覧車やメリーゴーラウンドなどを舞台にした「回転系列」の問題集。「推理思考」分野の問題ですが、要素として「図形」や「数量」も含みます。
51．運筆①	鉛筆の持ち方を学び、点線なぞり、お手本を見ながらの模写で、線を引く練習をします。
52．運筆②	運筆①からさらに発展し、「欠所補完」や「迷路」などを楽しみながら、より複雑な鉛筆運びを習得することを目指します。
53．四方からの観察 積み木編	積み木を使用した「四方からの観察」に関する問題を練習できるように構成。
54．図形の構成	見本の図形がどのような部分によって形づくられているかを考えます。
55．理科②	理科的知識に関する問題を集中して練習する「常識」分野の問題集。
56．マナーとルール	道路や駅、公共の場でのマナー、安全や衛生に関する常識を学べるように構成。
57．置き換え	さまざまな具体的・抽象的事象を記号で表す「置き換え」の問題を扱います。
58．比較②	長さ・高さ・体積・数などを数学的な知識を使わず、論理的に推測する「比較」の問題を練習できるように構成。
59．欠所補完	線と線のつながり、欠けた絵に当てはまるものなどを求める「欠所補完」に取り組める問題集です。
60．言葉の音（おん）	しりとり、決まった順番の音をつなげるなど、「言葉の音」に関する問題に取り組める練習問題集です。

◆◆ニチガクのおすすめ問題集◆◆

より充実した家庭学習を目指し、ニチガクではさまざまな問題集をとりそろえております!!

サクセスウォッチャーズ（全18巻）

①～⑱
本体各¥2,200＋税

全9分野を「基礎必修編」「実力アップ編」の2巻でカバーした、合計18冊。

各巻80問と豊富な問題数に加え、他の問題集では掲載していない詳しいアドバイスが、お子さまを指導する際に役立ちます。

各ページが、すぐに使えるミシン目付き。本番を意識したドリルワークが可能です。

ジュニアウォッチャー（既刊60巻）

①～⑥⓪（以下続刊）
本体各¥1,500＋税

入試出題頻度の高い9分野を、さらに60の項目にまで細分化。基礎学習に最適のシリーズ。

苦手分野におけるつまずきを、効率よく克服するための60冊です。

ポイントが絞られているため、無駄なく高い効果を得られます。

国立・私立NEWウォッチャーズ

言語／理科／図形／記憶
常識／数量／推理
本体各¥2,000＋税

シリーズ累計発行部数40万部以上を誇る大ベストセラー「ウォッチャーズシリーズ」の趣旨を引き継ぐ新シリーズ!!

実際に出題された過去問の「類題」を32問掲載。全問に「解答のポイント」付きだから家庭学習に最適です。「ミシン目」付き切り離し可能なプリント学習タイプ！

実践 ゆびさきトレーニング①・②・③

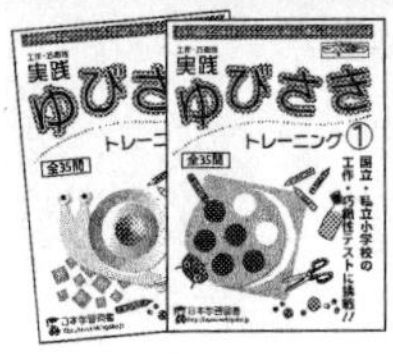

本体各¥2,500＋税

制作問題に特化した一冊。有名校が実際に出題した類似問題を35問掲載。

様々な道具の扱い（はさみ・のり・セロハンテープの使い方）から、手先・指先の訓練（ちぎる・貼る・塗る・切る・結ぶ）、また、表現することの楽しさも経験できる問題集です。

お話の記憶・読み聞かせ

［お話の記憶問題集］
中級／上級編
本体各¥2,000＋税

初級／過去類似編／ベスト30
本体各¥2,600＋税

1話5分の読み聞かせお話集①・②、入試実践編①
本体各¥1,800＋税

あらゆる学習に不可欠な、語彙力・集中力・記憶力・理解力・想像力を養うと言われているのが「お話の記憶」分野の問題。問題集は全問アドバイス付き。

分野別 苦手克服シリーズ（全6巻）

図形／数量／言語／
常識／記憶／推理
本体各¥2,000＋税

数量・図形・言語・常識・記憶の6分野。アンケートに基づいて、多くのお子さまがつまづきやすい苦手問題を、それぞれ40問掲載しました。

全問アドバイス付きですので、ご家庭において、そのつまづきを解消するためのプロセスも理解できます。

運動テスト・ノンペーパーテスト問題集

新 運動テスト問題集
本体¥2,200＋税

新 ノンペーパーテスト問題集
本体¥2,600＋税

ノンペーパーテストは国立・私立小学校で幅広く出題される、筆記用具を使用しない分野の問題を全40問掲載。

運動テスト問題集は運動分野に特化した問題集です。指示の理解や、ルールを守る訓練など、ポイントを押さえた学習に最適。全35問掲載。

口頭試問・面接テスト問題集

新 口頭試問・個別テスト問題集
本体¥2,500＋税

面接テスト問題集
本体¥2,000＋税

口頭試問は、主に個別テストとして口頭で出題解答を行うテスト形式。面接は、主に「考え」やふだんの「あり方」をたずねられるものです。

口頭で答える点は同じですが、内容は大きく異なります。想定する質問内容や答え方の幅を広げるために、どちらも手にとっていただきたい問題集です。

小学校受験 厳選難問集 ①・②

本体各¥2,600＋税

実際に出題された入試問題の中から、難易度の高い問題をピックアップし、アレンジした問題集。応用問題への挑戦は、基礎の理解度を測るだけでなく、お子さまの達成感・知的好奇心を触発します。

①は数量・図形・推理・言語、②は位置・常識・比較・記憶分野の難問を掲載。それぞれ40問。

国立小学校　対策問題集

国立小学校入試問題A・B・C
（全3巻）本体各¥3,282＋税

新 国立小学校直前集中講座
本体¥3,000＋税

国立小学校頻出の問題を厳選。細かな指導方法やアドバイスが掲載してあり、効率的な学習が進められます。「総集編」は難易度別にA～Cの3冊。付録のレーダーチャートにより得意・不得意を認識でき、国立小学校受験対策に最適です。入試直前の対策には「新 直前集中講座」！

おうちでチャレンジ ①・②

本体各¥1,800＋税

関西最大級の模擬試験である小学校受験標準テストのペーパー問題を編集した実力養成に最適な問題集。延べ受験者数10,000人以上のデータを分析しお子さまの習熟度・到達度を一目で判別。

保護者必読の特別アドバイス収録！

Q＆Aシリーズ

『小学校受験で知っておくべき125のこと』
『小学校受験に関する 保護者の悩みQ＆A』
『新 小学校受験の入試面接Q＆A』
『新 小学校受験 願書・アンケート文例集500』
本体各¥2,600＋税

『小学校受験のための
願書の書き方から面接まで』
本体¥2,500＋税

「知りたい！」「聞きたい！」「こんな時どうすれば…？」そんな疑問や悩みにお答えする、オススメの人気シリーズです。

書籍についてのご注文・お問い合わせ
☎ 03-5261-8951

http://www.nichigaku.jp
※ご注文方法、書籍についての詳細は、Webサイトをご覧ください。

日本学習図書　検索

家庭学習をトータルサポート！ ニチガクのオリジナル 効果的 学習法

1 まずは アドバイスページを読む！

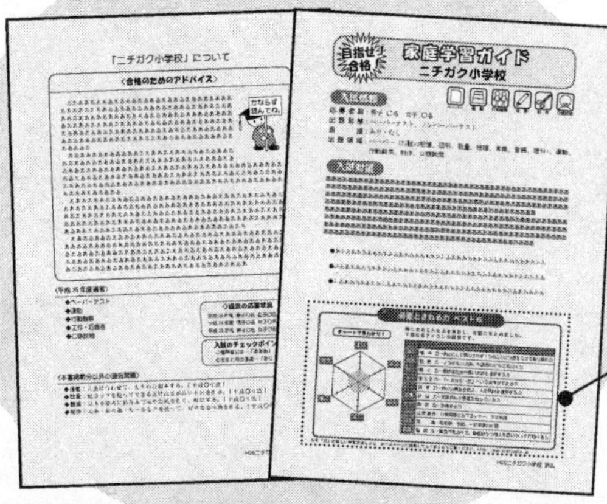

ピンク色です

対策や試験ポイントがぎっしりつまった「家庭学習ガイド」。分析内容やレーダーチャート、分野アイコンで、試験の傾向をおさえよう！

2 問題を全て読み、出題傾向を把握する

3 「学習のポイント」で学校側の観点や問題の解説を熟読

4 初めて過去問題にチャレンジ！

5 プラスα 対策問題集や類題で力を付ける

過去問のこだわり

各問題に求められる「力」

分野だけでなく、各問題の求められる「力」をアイコンで表記！アドバイスページの分析レーダーチャートで力のバランスも把握できる！

各問題のジャンル

問題3 分野：図形（パズル）　集中　観察

〈準備〉　あらかじめ問題3－1の絵を線に沿って切り離しておく。

〈問題〉　（切り離したパズルと問題3－2の絵を渡す）ここに9枚のパズルがあります。この中からパズルを6枚選んで絵を作ってください。絵ができたら、使わなかったパズルを教えてください。

出題年度

〈時間〉　1分

〈解答〉　省略

［2018年度出題］

学習のポイント

用意されたパズルを使って絵を作り、その際に使用しなかったパズルを答える問題です。パズルのつながりを見つける図形認識の力と、指示を聞き逃さない注意力が要求されています。パズルを作る際には、全体を見渡してある程度の完成予想図を思い浮かべることと、特定の部品に注目して、ほかとのつながりを見つけることを意識して練習をすると良いでしょう。図形を認識し、完成図を予想する力は、いきなり頭に浮かぶものではなく、何度も同種の問題を解くことでイメージできるようになるものです。日常の練習の際にも、パズルが上手くできた時に、「どのように考えたの」と聞いてみて、考え方を言葉で確認する習慣をつけていくようにしてください。

【おすすめ問題集】
Ｊｒ・ウォッチャー３「パズル」、59「欠所補完」

学習のポイント

各問題の解説や学校の観点、指導のポイントなどを教えます。
今日から保護者の方が家庭学習の先生に！

おすすめ対策問題集

分野ごとに対策問題集をご紹介。苦手分野の克服に最適です！
＊専用注文書付き。

2021年度版
広島県版　私立小学校　過去問題集

発行日　2020年4月24日
発行所　〒162-0821　東京都新宿区津久戸町 3-11
TH1ビル飯田橋 9F　日本学習図書株式会社
電　話　03-5261-8951 ㈹

詳細は http://www.nichigaku.jp　日本学習図書　検索

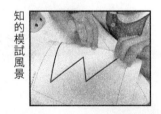

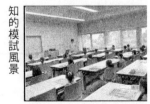

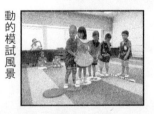

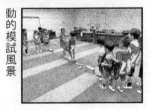

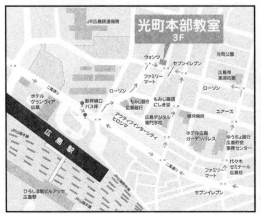

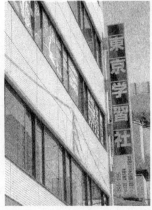